Yo, la Unión Europea

María Jesús García García

Profesora Titular de Derecho Administrativo.
Universidad de Valencia.
Directora de la Cátedra Jean Monnet «Services
of General Economic Interest in the framework of social and
territorial cohesion» (101047166 - SGEI-EU).
Directora del Módulo Jean Monnet Citizens´ integration into
EU democracy (101047164 - CitEUdem)

Yo, la Unión Europea

Diseño de cubierta:
Anaí Miguel

© María Jesús García García, 2024
© EDITORIAL TECNOS (GRUPO ANAYA, S. A.), 2024
Valentín Beato, 21 - 28037 Madrid

PAPEL DE FIBRA
CERTIFICADA

ISBN: 978-84-309-8985-0
Depósito Legal: M-132-2024

Printed in Spain.

ÍNDICE

10 YO, LA UNIÓN EUROPEA

PREFACIO

Este libro es una obra divulgativa que pretende acercar la Unión Europea a los ciudadanos, como forma de promover y difundir su conocimiento y comprensión entre el público en general.

Dado su carácter divulgativo, para el desarrollo de su contenido se han tomando determinadas licencias creativas y literarias con la intención de hacer más amena e interactiva su lectura. Así, se ha simulado la existencia de una plataforma electrónica a través de la cual los ciudadanos mantienen un diálogo abierto con la Unión Europea y le preguntan todas sus dudas acerca de su origen, funciones, funcionamiento y otras cuestiones que consideren de interés.

El trabajo quiere contribuir al logro de una de las aspiraciones prioritarias de las instituciones europeas, esto es, implicar a su ciudadanía en el proyecto europeo y hacer comprender a los ciudadanos su relevante papel en la consolidación y avance del proceso de integración. Los ciudadanos son una pieza clave para consolidar y mantener los objetivos comunitarios, y por eso la Unión Europea ha intentado desde siempre legitimarse ante ellos y lograr su participación activa. Solo a través de una ciudadanía bien informada, que ejerza los derechos democráticos que la legislación comunitaria le reconoce será posible mantener y avanzar en el proyecto comunitario.

Esto es especialmente importante en el caso de los jóvenes, que son quienes han de tomar el testigo en la consolidación de la democracia europea. A ellos, y a todas aquellas personas de cualquier edad que tengan inquietud e interés en seguir aprendiendo y en asumir un papel activo como ciudadanos europeos, va dirigido este libro.

LO QUE A L@S CIUDADAN@S EUROPE@S LES GUSTARÍA SABER SOBRE LA UNIÓN EUROPEA

@Ernest.

Oímos hablar mucho de la UE, pero ¿#quéeslaUE?

@Óscar.

Sí, totalmente de acuerdo con @Ernest. Todo el mundo da por hecho que lo sabemos, que sabemos quién es, qué hace y para qué sirve la Unión Europea, pero lo cierto es que no es así. Mis padres no me lo saben explicar y en clase hemos oído hablar de ella, pero muy de pasada. #¿quéeslaUE?

@María.

Sí, sería bueno que los padres supiéramos un poco más de la Unión Europea, para poder dar unas nociones a nuestros hijos si nos preguntan. ¿#quéeslaUE?

@Julián.

Como ciudadano, yo también quisiera estar un poco más enterado de los derechos que me reconoce la Unión Europea. Y también me gustaría saber cómo los puedo ejercer. ¿#quéeslaUE?

@Rafa.

A mí tampoco me vendría nada mal estar un poco más informado sobre la Unión Europea. Soy profesor de secundaria y me gustaría poder concienciar a mis alumnos de la gran importancia que ha tenido y tendrá la Unión Europea en su futuro. ¿#quéeslaUE?

COMUNICADO DE PRENSA DE LA COMISIÓN EUROPEA

Bruselas, 31 de octubre de 2023.

La Unión Europea ha creado y ha puesto en marcha la plataforma PREGÚNTALE A LA UNIÓN EUROPEA, que estará operativa desde el 31 de octubre de 2023.

La plataforma está dirigida a todos aquell@s ciudadan@s que quieran conocer a la Unión Europea en persona y que no tengan conocimientos previos sobre la materia. Muy especialmente, la plataforma permitirá a l@s jóvenes interactuar con la Unión Europea preguntándole a través de un chat en tiempo real todas aquellas cuestiones que deseen conocer.

Se trata de crear una línea directa entre l@s ciudadan@s y la Unión Europea que supere las fronteras y la distancia entre los países de residencia de l@s ciudadan@s y Bruselas, sede de la mayoría de las instituciones europeas.

3

PLATAFORMA PREGÚNTALE
A LA UNIÓN EUROPEA

Bienvenido a la Plataforma PREGÚNTALE A LA UNIÓN EUROPEA. Si deseas saber más sobre la Unión Europea, REGÍSTRATE. A la Unión Europea le encantará conocerte y dirigirse personalmente a ti cuando responda tus preguntas.

Nombre de usuario: Ciudadan@ Europe@

Lugar de Residencia: El Espacio de Libertad, Seguridad y Justicia. Edad: 0-100 años.

Nivel de Estudios: Uno que no me ha permitido estudiar la Unión Europea desde un punto de vista académico.

Observaciones: Me gustaría conocer cosas sobre ti, Unión Europea: ¿Qué haces, para qué sirves? ¿Cómo te organizas? ¿Quién manda aquí? ¿Cómo influyes en mi vida diaria y cómo puedes influir en mi futuro?

Si ya estás registrado, entra con tus datos en el sistema. LOG IN.

Muchas gracias por registrarte, Ciudadan@ europe@. Estás a punto de comunicarte con la Unión Europea. Puedes preguntarle todas tus dudas sobre su origen, funciones, funcionamiento y todo aquello por lo que tengas inquietud. Puedes navegar por la plataforma a través de las siguientes secciones:

- Orígenes y antecedentes familiares de la Unión Europea.
- Objetivos y valores de la Unión Europea.
- La ciudadanía europea.
- Cómo funciona la Unión Europea.
- Los superpoderes de la Unión Europea
- El Derecho de la Unión Europea.
- Trabajar para la Unión Europea
- Lo que la Unión Europea puede hacer por ti.
- El futuro de la Unión Europea.

@**Unión Europea.** Hola, soy la Unión Europea. Muchas gracias por registrarte, Ciudadan@ Europe@ y por llegar hasta aquí. Encantada de saludarte. Antes de seguir adelante, y que me consultes todas tus dudas, me gustaría presentarme y contarte algo acerca de mí que te ayudará a entender mejor qué hago y para qué sirvo. Tú probablemente ya hayas oído hablar de mí en las noticias, o en los periódicos. A veces para bien y otras veces para mal. No todo el mundo está de acuerdo con lo que hago. Eso sería prácticamente imposible porque nunca llueve a gusto de todos, y porque a veces he tomado decisiones que no te han gustado como ciudadano, como cuando hubo una crisis económica y decidí adoptar políticas de austeridad que rebajaron las pensiones, el sueldo de los funcionarios, o aumentaron la edad de jubilación, allá por el año 2008. No obstante, a pesar de lo que te parezca, lo hice por tu bien, o al menos esa era mi intención.

Como me has indicado, te gustaría saber quién soy, qué hago, a qué me dedico y por qué puedo aprobar normas que se aplican en tu país y que te obligan, pero que también te dan derechos. Bueno, la explicación de todo esto es una larga historia que me obliga a ir hacia atrás en el tiempo, a una época en la que tú probablemente no habías nacido aún. Pero, si preguntas a tus padres, o abuelos ellos te dirán que la mitad del siglo xx fue una época muy convulsa en Europa y en el mundo. Mira, desde 1939 hasta 1945 tuvo lugar la II Guerra Mundial, que arrasó el continente europeo. Y no fue la única guerra del siglo xx. Entre 1914 y 1918 había tenido lugar la I Guerra Mundial, que dejó el continente devastado.

El hecho es que al término de la II Guerra Mundial, los países europeos estaban preocupados por la posibilidad de que estallara un nuevo conflicto en Europa, razón por la cual se pusieron manos a la obra para poner ciertos intereses en común que crearan entre ellos lazos de amistad y previnieran futuros conflictos. Esos intereses en común van a girar inicialmente en torno al carbón y el acero, materiales sobre los que se construía la industria bélica en ese momento y que, por tanto, tenían un gran simbolismo desde el punto de vista militar. Así, en 1951, seis países europeos (Alemania, Francia, Bélgica, Luxemburgo, Países Bajos e Italia) que habían luchado entre sí en la II Guerra Mundial ponen en común su industria del carbón y del acero y crean una organización que se va a encargar de gestionar la producción y comercialización de estas materias primas. Este es un gesto lleno de intenciones, pues al poner en común la producción de estos materiales, los países implicados evidencian su intención de utilizar estos recursos para promover la paz y la reconstrucción de Europa y no para su rearme de cara a un futuro conflicto. Nace así la CECA

(Comunidad Europea del Carbón y del Acero), mi hermana mayor. Después, en 1957, naceríamos mi hermana gemela, EURATOM (Comunidad Europea de la Energía Atómica) y yo, aunque en aquel momento me llamaron CEE (Comunidad Económica Europea), porque mi capacidad y mis objetivos no eran tan ambiciosos como los de ahora.

De las tres hermanas, yo soy la más exitosa, tanto que con el tiempo decidieron cambiarme el nombre, y ponerme uno que hiciera honor a mis logros y objetivos. Desde 2007 mi nombre oficial es el de Unión Europea, aunque en el año 1992 ya se iniciaron los trámites para cambiar mi nombre, como te contaré más adelante.

Ahora que ya me conoces mejor, ¿te gustaría seguir preguntándome cosas? ¿Qué te parece si profundizamos un poco en todo esto? Puedes preguntarme cosas como, de dónde vengo y quién me creo. Si estas interesado, continúa en la plataforma y haz clic en IR A LA PÁGINA SIGUIENTE.

4

ORÍGENES Y ANTECEDENTES FAMILIARES DE LA UNIÓN EUROPEA

#¿QUIÉN ERES, UNIÓN EUROPEA?

@Marco. Hola, soy Marco, ciudadano italiano. Soy una persona muy metódica y organizada, y tiendo a organizar las cosas por categorías. Por eso me gustaría saber quién, o qué eres, Unión Europea. ¿Qué etiqueta te pongo? ¿A quién te pareces?

@Unión Europea. Hola Marco. Me alegra mucho que me hagas esta pregunta, porque por mis características, soy muy difícil de encasillar, o como tú dices, de categorizar. Y es que no me parezco a nadie. Soy igualita que nadie, como dice el anuncio.

Te diré que pertenezco al género de las organizaciones internacionales, pero soy una organización internacional muy particular, porque no hay otra como yo. Bueno, salvo mis hermanas, CECA y EURATOM.

Una organización internacional está formada por un conjunto de Estados que tienen voluntad de unirse para crear un organismo nuevo con unos determinados objetivos. Esa voluntad se plasma a través de un Tratado que es el acta de nacimiento de la organización. Hay muchas organizaciones internacionales, como la ONU, la OTAN, o yo misma.

@**Francesco**, de Italia. ¿Y qué es lo que te hace tan peculiar, Unión Europea?

@**Unión Europea**. Hola Francesco. Gracias por tu pregunta. Pues lo que me hace tan especial es el hecho de que los países que forman parte de mí me han cedido parte de su soberanía para que yo decida por ellos en algunas materias, de forma que estos Estados se someten a mis decisiones y quedan vinculados por ellas. En la práctica esto quiere decir que los Estados consienten en que yo legisle por ellos sobre ciertas materias que especifican los Tratados que me crean. Los Estados se comprometen a aceptar las normas que yo apruebe en esas materias y las reconocen como propias. De esta forma, me dan vida para que sea yo quien gestione los intereses que han puesto en común.

Te pondré un ejemplo. ¿Qué te parece la moneda única, el euro? Útil verdad. Puedes ir a un montón de países europeos sin perder tiempo, o dinero en cambiar de moneda.

¡Menuda conquista! Bueno, pues eso significa que tu país, Italia, ya no funciona con liras, sino con euros, y en consecuencia ya no puede adoptar decisiones respecto a la emisión de moneda (cuántos euros se ponen en circulación), o sobre el valor del dinero (cuál es el tipo de interés al que un banco, por ejemplo, te prestará el dinero). Esta es una conquista muy importante, porque tu país ha renunciado voluntariamente a adoptar sus propias decisiones sobre la moneda del país para permitir que sea yo quien adopte esas decisiones en su lugar. Eso es muy generoso por parte de Italia, porque me está cediendo parte de sus poderes a mí, compartiendo parte de su soberanía conmigo. Y eso es un compromiso que los Estados han asumido al firmar el Tratado que me crea, o adherirse al mismo.

@Lucía. ¿Pero no es así como funcionan la mayoría de organizaciones internacionales?

@Unión Europea. No, Lucía. Frente a la mayoría de organizaciones que son de cooperación internacional, yo soy una organización internacional de integración, lo que me hace única en mi género. Esto quiere decir que los países que me dan vida no desaparecen cuando me crean, sino que se integran en mi estructura, y se someten voluntariamente a mis decisiones y a mis normas, en cuya adopción también participan. Además, como los países me han cedido parte de su soberanía o capacidad de decisión en ciertos asuntos, las decisiones se adoptan normalmente a través de un sistema de mayorías cualificadas, pero no se aplica (salvo raras excepciones) la unanimidad en las votaciones. Eso significa que si hay una mayoría de países que votan a favor de una medida, eso obligará a los restantes, aunque alguno de ellos no esté de acuerdo.

Normalmente los Estados no ceden su soberanía a las organizaciones internacionales. Ello significa que los Estados que forman parte de esas organizaciones negocian y negocian hasta que llegan a una decisión por consenso, en la que todos están de acuerdo, sin seguir un sistema de votaciones, ni someterse a la regla de las mayorías. De esta forma, los países mantienen intacta su soberanía cuando manifiestan su voluntad para alcanzar un acuerdo en el seno de una organización internacional. La mayoría de organizaciones internacionales funcionan así. Mira la OTAN, el Consejo de Europa, y tantas otras. Estas son organizaciones internacionales de cooperación internacional.

@Bea. ¿Y qué pasa si alguno de tus Estados miembros no está de acuerdo con las normas que tú apruebas?

@Unión Europea. Mira, Bea, soy como una especie de comunidad de vecinos, donde los vecinos son los Estados. ¿Verdad que en la comunidad donde tú vives no todas las decisiones te parecen acertadas? Y, sin embargo, cuando se acuerda, por ejemplo, una derrama para reparar el ascensor, tienes que poner dinero, aunque no te guste, ¿a qué sí? Pues aquí pasa algo parecido. Los países que forman parte de mí también deben someterse a mis decisiones en algunas materias, aunque no les guste. Para eso han compartido su poder conmigo y lo han formalizado a través de un Tratado. Eso sí, para que mis normas y decisiones obliguen a los Estados es necesario que esas decisiones se hayan adoptado por mayoría. Pero eso te lo explicaré luego.

#RELACIONES FAMILIARES

@Sofía. ¿De dónde vienes, Unión Europea, y quienes son tus fundadores?

@Unión Europea. Querida Sofía, mis fundadores son los Estados que me crearon en 1957. Fueron seis Estados fronterizos entre sí (Italia, Francia, Alemania, Bélgica,

Países Bajos y Luxemburgo). En aquel momento, mis fundadores tenían expectativas limitadas respecto a mí y me llamaron Comunidad Económica Europea, porque me crearon con la única finalidad de crear un mercado común en el que esos seis países pudieran intercambiar sus bienes, servicios y mercancías sin necesidad de pagar impuestos por la importación o la exportación de sus productos. Sin embargo, con el tiempo no he dejado de crecer, tanto en mis aspiraciones, como en el número de Estados que se han ido adhiriendo a mí, de forma que en la actualidad son 27 los Estados integrados en mi estructura. Y, además, mis logros han ido más allá de esos objetivos económicos que supusieron la creación del mercado común, de forma que además de la unión económica, he logrado también una cierta unión política entre los Estados. Por eso, los Estados decidieron darme otro nombre y pasar a denominarme Unión Europea en 2007, pues ya no era solo una comunidad económica.

@Julián. ¿Y cuál es tu fecha de nacimiento?

@Unión Europea. Nací el 25 de marzo de 1957 y mi acta de nacimiento es el Tratado de Roma, que se firmó en esta misma fecha, aunque yo no echaría a andar hasta un año después, en 1958, cuando el Tratado entró en vigor, es decir, comenzó a aplicarse.

Con la firma y ratificación de ese Tratado los Estados dieron lugar a mi nacimiento. Cuando los Estados me crearon, me dieron vida independiente de ellos y capacidad de decisión propia en ciertas materias. Soy una organización derivada de los Estados, porque ellos decidieron crearme y darme poder, pero soy independiente de ellos y tengo personalidad e intereses propios que atender: los intereses comunitarios. Yo soy la encargada de gestionar y administrar esos intereses.

@Ernestina. ¿Y cuáles son los intereses comunitarios?

@Unión Europea. Son los intereses que los Estados ponen en común. Por ejemplo, la creación de un mercado único, o de una moneda única. Para gestionar esos intereses los Estados deben darme capacidad de actuar y potestades, principalmente potestad legislativa para aprobar normas que hagan posible el funcionamiento del mercado interior, o del euro.

@Ernest. Ya sabemos que hubo seis Estados que fueron tus fundadores, pero, ¿quién te ideó? ¿Quiénes son tus padres ideológicos?

@Unión Europea. Los seis Estados que he citado antes son mis fundadores, pero las personas que me concibieron como proyecto europeo en común son mis verdaderos padres. Jean Monnet y Robert Schuman son los más conocidos porque de ellos procede la idea de crear una comunidad europea y la puesta en práctica de esta idea. Con el aumento de las tensiones internacionales tras la guerra, Monet, Primer Ministro francés, consideró que era hora de adoptar medidas reales para buscar la unidad europea y, junto con su equipo, empezó a trabajar en el concepto de una Comunidad Europea.

El 9 de mayo de 1950, Robert Schuman, ministro francés de Asuntos Exteriores, pronunció la denominada Declaración Schuman en nombre del Gobierno francés. Esta Declaración proponía la creación de una Alta Autoridad que supervisase toda la producción de carbón y acero de Francia y Alemania, enemigos durante la II Guerra Mundial. Se basaba en la idea de que, si los dos países más poderosos de Europa compartían la producción de estos recursos, se evitarían las guerras en el futuro. Esta fue la base ideológica para crear la Comunidad Económica del Carbón y del Acero (CECA), mi hermana mayor. Se pone así la primera piedra de las comunidades europeas.

Por eso el día 9 de mayo se celebra el día de la Unión Europea.

@Natalia. Ya sabemos quiénes son tus padres, pero ¿tienes más familia, hermanos, primos, familiares lejanos?

@Unión Europea. Querida Natalia, sí tengo hermanas y también algún pariente lejano. Como ya he dicho antes, CECA y EURATOM son mis hermanas. CECA es mi hermana mayor. Nació en 1951, con el Tratado de París, aunque no echaría a andar hasta 1952. Después, viendo el éxito de esta comunidad, nos crearon a nosotras EURATOM (Comunidad Europea de la Energía Atómica) y a mí misma, la CEE (Comunidad Económica Europea), en 1957. EURATOM y yo somos hermanas gemelas, porque nacimos al mismo tiempo, y junto con la CECA formábamos la gran familia de las Comunidades Europeas. Sin embargo, la CECA ya no existe, se extinguió en 2002, porque fue creada solo para un período de 50 años que expiraron en esa fecha. EURATOM y yo misma continuamos vigentes, aunque yo me he reconvertido en la Unión Europea, dados mis éxitos y logros y he eclipsado a mi gemela, EURATOM.

Tengo también algunos parientes lejanos, como la ONU, o el Consejo de Europa, ambos organismos internacionales que, como yo, fueron creados tras la II Guerra Mundial para mantener la paz y evitar la deflagración de futuros conflictos. Sin embargo, la forma de funcionar de estas organizaciones es muy diferente a la mía. Ellos son organizaciones internacionales de cooperación intergubernamental, y yo soy una organización de integración, aunque esto lo entenderás mejor más adelante.

#LOS TRATADOS

@Julia. ¿Tienen los Estados que firmar un contrato o algún tipo de acuerdo cuando te ceden parte de su soberanía y te dan capacidad de decisión?

@Unión Europea. Sí, efectivamente Julia. Cuando nací, en 1957 bajo el nombre de CEE, los Estados fundadores que me crearon tuvieron que firmar un compromiso o acuerdo internacional. Ese acuerdo recibe el nombre de Tratado, y como se firmó en la ciudad de Roma, pues se denomina Tratado de Roma. La firma del Tratado supone el compromiso por escrito de los países signatarios de que están dispuestos a cederme parte de su poder para que pueda gestionar sus intereses en común, es decir, los intereses comunitarios. El Tratado define también mis objetivos, mi capacidad de acción y mi funcionamiento. El Tratado de Roma se ha modificado en numerosísimas ocasiones, según he ido evolucionando. Con cada modificación los Estados me han ido dando más poder, a medida que aumentaba su confianza en mí, de manera que la historia de los Tratados es la historia de mi evolución.

Igualmente, cada vez que un nuevo país se adhiere a la familia comunitaria este adquiere un compromiso que hace necesario un nuevo acuerdo. Dicho acuerdo debe de plasmarse en un documento por escrito, que se llama

Tratado de adhesión. Los Tratados de adhesión modifican el Tratado originario, o Tratado de Roma, porque la familia crece y hay que adaptar mi estructura y funcionamiento a esta nueva circunstancia.

Los Tratados, tanto el Tratado de Roma, como sus modificaciones, así como los Tratados de adhesión son como mi álbum de familia. A través de ellos queda constancia de mi evolución, de la ampliación de la familia comunitaria con nuevos Estados que se incorporan, de cómo he ido creciendo a medida que los Estados iban cediéndome más parcelas de poder... Los Tratados son mi retrato de familia.

@Virginia. Tú has hablado del Tratado de Roma, pero a mí también me suena el Tratado de Maastricht, el de Lisboa... ¿Cuántos Tratados hay?

@Unión Europea. Muchos Virginia, muchos. Porque mi evolución se ha hecho a golpe tratados. Cada vez que los Estados han querido dar un paso más y asumir nuevos compromisos de integración dándome más poder ha hecho falta un nuevo tratado que ha modificado a los anteriores.

@Fernando. ¡Qué complicado! ¿Para qué hacen falta tantos tratados?

@Unión Europea. Sí, Fernando. Tienes toda la razón. Para explicártelo de manera sencilla, te diré que el Tratado de todos los tratados, el Tratado inicial que da origen a mi creación y que, por tanto, es mi acta de nacimiento es el Tratado de Roma, firmado en 1957 que entró en vigor en 1958. Por medio de este Tratado, los seis Estados fundadores acuerdan mi nacimiento, me asignan unos objetivos, una función que cumplir y me dotan de los poderes necesarios para ello, cediéndome una parte de su soberanía para crear lo que en ese momento se llamó el Mercado Común. De él te hablaré luego con más detalle. Todos los tratados posteriores son modificaciones de ese tratado inicial.

@Sara. ¿Por qué se modifica tanto el Tratado de Roma?

@Unión Europea. Porque los Estados quieren asumir nuevos compromisos a medida que van comprobando que los anteriores funcionan y se consolidan. Los Estados han sido siempre muy cautos y prudentes, y antes de dar un paso adelante quieren ver bien asentado el anterior. ¿Te imaginas que los Estados hubieran comenzado proponiendo una moneda única, allá por el año 1957? ¡A quien se le hubiera ocurrido proponer tal cosa le hubieran tachado de loco y ningún país se hubiera embarcado en un proyecto así!

Yo, la Unión Europea me ha ido construyendo sobre la base de mis propios éxitos y la confianza que esto ha ido generando en los Estados. Se puede decir que soy un producto de mis circunstancias y de mi tiempo. Pero como los Estados han sido tan cautos en sus pretensiones, cada vez que quieren avanzar en la integración, tienen que firmar un nuevo acuerdo que modifica al anterior y le añade nuevos propósitos y nuevas herramientas para ello.

@Alberto. Pero ¿a qué te refieres con avanzar en la integración?

@Unión Europea. Pues mira, Alberto, cuando los Estados me crean a finales de los años cincuenta, su idea fundamental es crear un mercado común. Del mercado común te hablaré más tarde, pero, por el momento te diré que es un espacio sin fronteras interiores que crean los Estados fundadores para el intercambio de sus bienes y productos.

A medida que van pasando los años, los países ven que ese mercado común funciona bien y se plantean objetivos más ambiciosos. Así, tras la consolidación del mercado común, quieren dar un paso más, asumiendo mayores compromisos, no solo en el plano económico, sino también en el plano político, de forma que mis países miembros se abren a una cierta cooperación política entre ellos, aunque con muchas cautelas y muchas limitaciones. Surge así la política de Cooperación Política Europea (COPER), donde los Estados, conservando su capacidad de decisión, están de acuerdo en acercar sus posiciones y llegar a acuerdos en común en cuestiones de política interior y exterior, como inmigración, cooperación policial, judicial, relaciones internacionales. Para ello me utilizan como un foro de diálogo o punto de encuentro, pero sin consentir de ninguna manera que yo pueda decidir por ellos y sin traspasarme, de momento, poderes para ello. El acuerdo de voluntades que plasma por escrito estas nuevas aspiraciones de los países es el Acta Única Europea, firmada en 1986 y que entró en vigor en 1987.

El tiempo pasa, y los Estados se dan cuenta de que el proyecto funciona, que nuevos países europeos atraídos por el éxito de la empresa están llamando a mi puerta. Y entonces deciden dar un paso de gigante y contemplar nuevos proyectos y nuevas metas a conseguir. El archiconocido Tratado de Maastricht plasmó por escrito esas nuevas aspiraciones de los países miembros.

@**Bernabé.** ¿Y qué dice el Tratado de Maastricht? ¿Por qué es tan conocido y tan popular?

@Unión Europea. Pues porque es el Tratado más importante desde que se firmara el Tratado de Roma, en 1957, que dio origen a mi nacimiento. Y porque con él, el proyecto de integración europea da un paso de gigante, debido fundamentalmente a la creación del euro y la idea de ciudadanía.

@Juan. ¿Y por qué es tan importante?

@Unión Europea. Mira, con Maastricht se ponen las bases de lo que será la moneda única, el euro. Y esto es algo inédito en Europa y en el mundo. ¿Sabes por qué? Pues porque la moneda es una de las señas de identidad de los países y de su soberanía. A través de su moneda los Estados, a lo largo de la historia han afianzado su identidad y su poder. De hecho, fíjate como en las monedas siempre aparecen símbolos que identifican a los Estados, imperios, naciones y los reafirman como tales. Bien, pues la creación del euro supone que los Estados renuncian a sus monedas nacionales y crean una moneda común que se pondrá en circulación en los países de la zona euro y que supone reconocerme a mí, la Unión Europea, el potencial de emitir mi propia moneda y de decidir sobre ella. Si lo piensas, las implicaciones económicas y políticas son muchas, porque me están dotando de mi propia moneda, un atributo que, hasta la fecha, solo habían tenido los Estados.

Pero además de este aspecto simbólico y de avance en la configuración de mi personalidad política, a través de la creación del euro los Estados se van a someter a mis decisiones en materia de política monetaria, e incluso van a admitir someter sus políticas económicas a unos ciertos controles por mi parte. Lo que buscan es coordinar sus economías para que el euro tenga un entorno financiero y presupuestario favorable y pueda llegar a ser una moneda fuerte. Así, voy adquiriendo nuevas parcelas de poder que me ceden los Estados. Ahora seguramente entenderás por qué siempre ando ojo avizor controlando el déficit de los Estados, poniendo límites a su endeudamiento y vigilando el techo de gasto que los Estados se han comprometido a no sobrepasar.

@Eugenio. ¿Y qué hay de la ciudadanía europea?

@Unión Europea. Sí, Eugenio. Por otro lado, el Tratado de Maastricht crea el concepto de ciudadanía europea. ¡Madre mía! ¡Eso también es un paso importante! Fíjate en una cosa, ¿qué tienen los Estados? Ciudadanos, nacionales. ¿Qué tiene un municipio? Vecin@s. Es decir, todo ente que tiene, o que aspira a tener naturaleza político-pública necesita un sustrato subjetivo, es decir, un grupo de personas sobre quienes proyectar su poder. El demo es el conjunto de personas dotadas de derechos, pero también de obligaciones sobre el que se proyecta el poder público de un ente de naturaleza política.

@Lara. Y esto en tu caso, ¿qué significa?

@Unión Europea. Pues significa que yo, la Unión Europea, voy a dejar de ser simplemente un mercado, para pasar a ser algo más, una comunidad política. El reconocimiento de la ciudadanía europea me otorga un nuevo estatus, de naturaleza política, y me da la capacidad de relacionarme directamente con mis ciudadanos europeos, de manera similar a como se relacionan los Estados con sus nacionales. Los ciudadanos europeos podéis relacionaros directamente conmigo a través del ejercicio de unos derechos de naturaleza política que os reconoce el Tratado de Maastricht. Y yo también puedo relacionarme con vosotros otorgándoos ciertos derechos de naturaleza pública que os voy a reconocer, protegiendo su ejercicio.

En la práctica esto significa que no solo voy a ser un mercado, sino un ente público que se relaciona con sus ciudadanos y les reconoce unos derechos que vosotros podréis ejercer ante mí. Luego hablaremos más extensamente de ello, pero, ¿qué te parece, Lara, poder desplazarte libremente por el territorio de mis Estados miembros como si no existiesen fronteras internas, sin necesidad de pasaporte, sin necesidad de visados? ¿Qué te parece poder elegir en qué país quieres residir? Eso es el derecho de libre circulación y residencia, símbolo de la ciudadanía europea.

@César. Creo que es algo importante. Mis padres me han contado que antes, para desplazarse a un país tan cercano como Francia tenían que tener un pasaporte, y tenían que ir al banco a cambiar pesetas por francos. Y al hacer el cambio tenían que pagar una comisión al banco. Pero ¿qué hay del Tratado de Lisboa? ¿Es tan ambicioso como el de Maastricht?

@Unión Europea. No César. Ni mucho menos. Maastricht es el mayor avance en el proceso de integración que se ha vivido hasta la fecha.

Los cambios introducidos con el Tratado de Maastricht son de tal calado que mis países miembros empiezan a pensar que mi nombre se queda corto para tan ambiciosos objetivos. Ya no soy solo una comunidad económica. Al crear una ciudadanía europea, soy también una comunidad política, que tiene sus propios ciudadanos y que acuña su propia moneda. Por tanto, los Estados deciden en ese momento, al firmar el Tratado de Maastricht llamarme Comunidad Europea (CE), porque lo de Comunidad Económica Europea (CEE) ya no responde a la magnitud de la empresa que los Estados me asignan en el Tratado.

Los Estados también se plantean en Maastricht que, si todos estos objetivos fructifican en el futuro, yo debería tener un nombre más rimbombante. Un nombre que exprese de verdad mi verdadera naturaleza y las expectativas que los Estados han puesto en mí para alcanzar una verdadera unión económica y política. Los Estados piensan en una Unión Europea, pero por el momento eso es solo un futurible, una posibilidad que dependerá del éxito que tengan las metas planteadas en Maastricht. Por el momento solo se apunta la posibilidad, pero ya se planta la semilla de la futura Unión Europea.

@Lucas. Entonces, ¿el Tratado de Lisboa confirma que las expectativas de los Estados se han cumplido?

@Unión Europea. Sí, Lucas. El Tratado de Lisboa simplemente certifica el éxito de la empresa iniciada con el Tratado de Maastricht, razón por el cual, a raíz de ese Tratado los Estados deciden denominarme Unión Europea y dotarme de personalidad jurídica. Así, dejo de denominarme Comunidad Europea y adopto el nombre más elocuente de Unión Europea, que evidencia la unión e integración conseguida hasta el momento entre los países, así como las expectativas de futuro que los países depositan en mí.

Y animados por este éxito y para facilitar el cumplimiento de esas expectativas, los países consienten en cederme ciertas parcelas de poder que antes permanecían todavía en su mano, de forma que mi funcionamiento se basa cada vez más en la cesión del ejercicio de competencias que me dan los Estados. Por eso, a partir del Tratado de Lisboa, se va a poder hablar de una política interior común de la Unión Europea, aunque ello se ciña a parcelas minúsculas, pero muy significativas, porque ello supone que los Estados me ceden poder en áreas que permanecen muy arraigadas a su soberanía, como inmigración, justicia o control de fronteras. Asuntos todos ellos de política interior cuya gestión asumen tradicionalmente los ministerios de interior de los Estados.

@**Mateo.** ¿Y esto en la práctica en qué se traduce?

@**Unión Europea.** Por ejemplo, ¿sabías que existe una policía europea (INTERPOL)?; ¿o una fiscalía europea y una política común de asilo e inmigración?; ¿o una policía que controla las fronteras exteriores del territorio comunitario y que se llama FRONTEX?

¿Sabías que existen normas penales comunes en materia de medio ambiente, o violencia de género y los Estados se han comprometido a legislar estas materias conforme a las consignas que yo les doy?

@**Lucas.** ¿Y qué sucede con las relaciones internacionales? ¿También les parece bien a los Estados que tu decidas por ellos?

@**Unión Europea.** En política exterior, los países son más reacios a someterse a mis decisiones y a que yo adopte decisiones por ellos. Les parece bien cuando se trata de relaciones comerciales, es decir, de firmar acuerdos con terceros países a efectos de incentivar y promover los intercambios comerciales, pero se muestran reticentes cuando se trata de cuestiones que tiene que ver con el resto de las relaciones exteriores.

Y no digamos nada cuando se trata de materias como la seguridad y defensa. Has visto cómo en la guerra de Ucrania mis países miembros han consentido imponer sanciones contra Rusia, pero eso es porque todos están de acuerdo, hay consenso. Yo no tengo capacidad para decidir por ellos. En estas materias son ellos y no yo quienes tienen la última palabra. También habrás observado cómo los dirigentes de cada país han visitado Ucrania de manera independiente. Aunque también yo he enviado a mis representantes, Úrsula von der Leyen y Josep Borrell, sin embargo, mis Estados miembros no renuncian a hacerse presentes también de manera independiente de mí. Podríamos decir que la política exterior es el aspecto donde hace falta trabajar más para conseguir que la Unión Europea sea una realidad. Aquí todavía funciono como una organización de cooperación internacional y no de integración.

@Ana. ¿Y qué hay de los Tratados de Ámsterdam y Niza? Son anteriores a Lisboa y no los has nombrado.

@Unión Europea. Tienes razón, Ana. Y es que, desde el punto de vista de mi avance o evolución en la integración europea, son tratados menores. Contienen, sobre todo, reformas de mi estructura institucional que me preparan para la adhesión de nuevos Estados, o que me dotan de un funcionamiento más democrático. Son reformas de grandísima trascendencia, pero he preferido mencionar aquellos tratados que resumen mejor los aspectos más visibles de mi evolución.

@Paco. ¿Y es verdad que en un determinado momento los Estados que te integran quisieron dotarte de una Constitución?

@Unión Europea. Sí, así es Paco. Llegó un momento en que los Estados, eufóricos ante los acuerdos alcanzados en Maastricht y viendo que estos poco a poco se iban haciendo realidad, decidieron dotarme de una Constitución, de una Carta Magna. Esto fue en el año 2004 y se intentó conseguir a través del Tratado por el que se establece una Constitución para Europa, que iba a refundir en un solo texto todos los Tratados anteriores y las modificaciones existentes hasta la fecha. Pero, fíjate, Paco, ¿cuáles son los símbolos de un Estado? Un himno, la bandera, la moneda y una ley fundamental que recoja el pacto político y social de convivencia en una comunidad: es decir, una Constitución.

Ante la idea de una Constitución europea, la población de algunos de mis países miembros, sin duda manipulada por ciertos sectores, se alarmó, y tuvo miedo. Dotarme de una Constitución parecía ser el punto de inflexión para configurarme como un súper Estado, o si lo prefieres como un Estado federal bajo el cual las identidades nacionales, e incluso la propia supervivencia de los Estados integrantes quedaba amenazada. Eso encendió las alarmas en algunos países, como Francia y Dinamarca, de forma que cuando sus ciudadanos tuvieron que ratificar ese Tratado, votaron NO, desbaratando la entrada en vigor de esa Constitución para Europa.

@Alejandro. Pero, tú tienes un himno, una moneda, incluso una bandera, y eso no se percibe como una amenaza para la pervivencia de los Estados nacionales.

@Unión Europea. Es cierto, Alejandro. La soberanía de los Estados, la naturaleza política de un ente no es algo tangible, que podamos ver o tocar. Es algo que se construye sobre la base de una simbología como la que acabas de mencionar. Al dotarme a mí, Unión Europea, de estos mismos símbolos, una bandera, un himno, e incluso una moneda se acelera la percepción de los ciudadanos de que soy algo más que un mercado, algo más que una unión económica. La idea de ciudadanía europea consolida esa idea. Con todo ello se quiere evidenciar que los Estados asumen unos compromisos que van más allá de lo económico Se empieza a percibir que soy también una comunidad política, una verdadera unión política, capaz de adoptar mis propias decisiones también en este ámbito. Y toda esta simbología se aceptó naturalmente.

@Pepe. Entonces, ¿la Constitución europea fue un fracaso?

@Unión Europea. Querido Pepe, a veces los fracasos son el comienzo de una nueva etapa más exitosa. Fíjate, si lo planteas en términos absolutos, la idea de adoptar una Constitución para Europa fue un fracaso. Al no ratificarse en referéndum por todos los Estados, la idea fracasó. Pero si lo miras en términos relativos, esta misma idea se retomó con la firma del Tratado de Lisboa. Se da la circunstancia de que el Tratado de Lisboa recoge casi todas las aspiraciones que estaban presentes en la Constitución. Por ejemplo, los Estados me amplían parcelas de poder en ciertas materias, lo que significa que se expanden mis competencias. Eso es algo que preveía el Tratado de Constitución para Europa. Aquí puedes ver que lo que realmente solivian tó, quiero decir que asustó a determinados ciudadanos, fue el nombre Constitución, y su simbología, más que realmente el contenido de la misma. Lo que quiero decirte es que las ideas subyacentes al proyecto de Constitución europea, se concretaron en el Tratado de Lisboa, aunque bajo un título menos amenazador que el de Constitución.

La ratificación de la Constitución hubiera sido importante porque se hubieran consolidado en un único texto todos los tratados vigentes hasta el momento y sus modificaciones.

#LOS ESTADOS MIEMBROS DE LA UNIÓN EUROPEA

@África. ¿Entonces, cuantos países componen la Unión Europea en este momento?

@Unión Europea. En este momento estoy formada por 27 países europeos. Cada uno de esos países recibe el nombre de Estado miembro. A lo largo de mi vida he pasado por muchas ampliaciones, porque cada vez más países han Estado interesados en formar parte del ámbito comunitario. Mira, te lo explico mejor así:

— 1952: Alemania, Bélgica, Francia, Italia, Luxemburgo y Países Bajos.
— 1973: Dinamarca, Irlanda y Reino Unido (abandonó la UE el 31 de enero de 2020). 1981: Grecia.
— 1986: España y Portugal.
— 1995: Austria, Finlandia y Suecia.
— 2004: Chipre, Eslovenia, Eslovaquia, Estonia, Hungría, Letonia, Lituania, Malta, Polonia y República Checa.
— 2007: Bulgaria y Rumanía.
— 2013: Croacia.

@Sonia. Entonces, ¿cualquier país que quiera entrar en la Unión Europea puede hacerlo?

@Unión Europea. Querida Sonia, la verdad es que entrar a formar parte de mi club no es tan fácil. A esto se le llama adhesión y para ello hay que cumplir unos requisitos y tramitar un procedimiento complejo, donde todos los Estados que ya son parte de mi estructura tienen que dar su conformidad para que entre otro miembro. Algunos países han intentado ingresar en el club comunitario y no lo han conseguido. Las negociaciones se han suspendido a medias.

@Roberto. ¿Cuáles son los requisitos para llegar a ser un país comunitario?

@Unión Europea. Los Estados miembros tienen que ser países del entorno europeo. Aquí estamos hablando de Europa desde un punto de vista político, no geográfico, lo que permite cierta discrecionalidad a la hora de interpretar este requisito. Piensa, por ejemplo, en Turquía, candidato a ser un Estado miembro. ¿Es realmente un país europeo?

Tienen además que respetar los valores democráticos y el Estado de Derecho. Y, además, deben tener una economía fuerte capaz de hacer frente a la presión de las fuerzas del mercado y de la competencia. Ten en cuenta que cuando un nuevo Estado entra en mi ámbito se integra en el mercado único, lo que quiere decir que se abre a la competencia de otras empresas y países que podrían hundir su mercado interior. Por eso es importante que se cumpla este requisito.

Por último, el país que se integre en el ámbito comunitario ha de tener capacidad para asumir las obligaciones que provienen del Derecho europeo. Cuando un Estado se integra en esta comunidad de vecinos queda obligado a cumplir las obligaciones que se derivan de las normas europeas presentes, pasadas y futuras, y no solamente las que se aprueben desde el momento en que él ingresa. Por eso tiene que tener una estructura y una organización capaz de cumplir y hacer cumplir el Derecho comunitario.

Estos requisitos son los criterios de Copenhague y se acordaron por los Estados en 1993 en la ciudad del mismo nombre por los máximos representantes de los países (Jefes de Estado y/o de Gobierno). Con estos criterios, nos estábamos preparando para la gran ampliación que se produjo en 2004 cuando entran en la gran familia europea la República Checa, Chipre, Eslovaquia, Eslovenia, Estonia, Hungría, Letonia, Lituania, Malta y Polonia.

@Rafael. Entonces, ¿cuándo un país cumple estos requisitos, es automáticamente un Estado miembro de la Unión Europea?

@Unión Europea. No, querido Rafael. El hecho de que un país cumpla los requisitos anteriores no implica que pase a ser automáticamente un Estado comunitario miembro del club. Digamos que los países del entorno europeo que tienen opciones de ser en un futuro Estados miembros reciben el nombre de potenciales candidatos. En este momento, Bosnia y Herzegovina y Kosovo son candidatos potenciales.

Para convertirse en Estados miembros es necesario que los países interesados llamen a mi puerta, es decir, que presenten por escrito su solicitud de adhesión. Si se acepta su petición de adhesión, entonces se convierten en países candidatos a entrar en mi club. Como sabes, recientemente Ucrania ha pasado a ser país candidato.

@Lucía. ¿Y qué pasa cuando un Estado es ya país candidato, como Ucrania?

@Unión Europea. Entonces se inicia un complejo procedimiento que conlleva muchísimas negociaciones entre el país candidato y yo, que, en caso de fructificar, darán al país el estatus de Estado miembro. Las negociaciones se agrupan por materias, llamadas capítulos. Hay 33 capítulos que negociar y en todos ha de alcanzarse un acuerdo. Hasta que no se cierra un capítulo, no se puede abrir otro. Supongo que esto te dará una idea de la complejidad de las negociaciones.

@Jacobo. ¿Y cuánto tiempo duran esas negociaciones?

@Unión Europea. Quiero que sepas, Rafael, que las negociaciones pueden durar años, y que no siempre llegan a buen puerto. Hay países que después de negociar durante años no consiguen llegar a un acuerdo conmigo y las negociaciones se paralizan *sine die*.

En este momento hay varios Estados en esta situación, es decir, considerados países candidatos que no han llegado a culminar el proceso de negociación y, por tanto, no se ha producido su adhesión como Estados miembros. Te cuento algunos:

— Serbia, Albania, Macedonia y Montenegro (Balcanes Occidentales).
— Turquía solicitó su ingreso en la Unión en 1987 y fue declarada país candidato en 1999; las negociaciones se abrieron en octubre de 2005, pero ocho capítulos están bloqueados. La adopción del Protocolo adicional del Acuerdo de Asociación deno-

minado «Acuerdo de Ankara» relativo a Chipre ha bloqueado las negociaciones.

— Islandia presentó su solicitud de ingreso en julio de 2009, y las negociaciones se iniciaron en junio de 2010. El Gobierno resultante de las elecciones generales de 2013 congeló las negociaciones de adhesión, y en marzo de 2015 las autoridades me pidieron que dejara de considerar Islandia un país candidato, aunque sin por ello retirar oficialmente su solicitud de adhesión.

— Por último, Ucrania, que es país candidato desde este año y con el que se iniciaran en breve las negociaciones.

#LA RETIRADA DE UN ESTADO MIEMBRO

@**Diego.** ¿Y qué pasa cuando un Estado miembro decide que ya no quiere pertenecer durante más tiempo a la Unión Europea? ¿Puede salir libremente?

@**Unión Europea.** Claro, Diego. Fíjate que uno de los valores que me definen y conforme a los cuales actúo es el de la libertad. Ten en cuenta también que los Estados forman parte de mí estructura de manera voluntaria. Los Tratados que me crean son acuerdos de voluntades entre los Estados, que deciden libremente formar parte de un proyecto común. Es decir, que todo se basa en el libre compromiso de los Estados. Por tanto, cuando un Estado que se embarcó voluntariamente en la aventura europea decide que ya no quiere seguir formando parte de ella, puede abandonar cuando quiera, revocando su compromiso.

@Federico. Pero, en el caso de Reino Unido y el famoso *Brexit* el proceso costó años.

@Unión Europea. Sí, así es Federico. El Reino Unido abandonó la Unión Europea el 31 de enero de 2020 a medianoche, hora central europea, cuando entró en vigor el Acuerdo de Retirada, aunque había presentado su solicitud de retirada en 2017.

Ten en cuenta que Reino Unido había formado parte de mi estructura durante muchos años. Desde 1975, concretamente. Habíamos sido un matrimonio bien avenido durante mucho tiempo y eso había creado intereses en común y una sociedad de gananciales que había que liquidar. Y eso llevó años. Fue un divorcio en toda regla.

@Margarita. Entonces, ¿cuál es el procedimiento?

@Unión Europea. Te lo explico de manera resumida porque es complejo. Mira, Margarita, cuando un Estado decide abandonarme, debe presentar una carta ante una de mis instituciones, el Consejo Europeo, expresando su voluntad de dejar de pertenecer a mi estructura y notificándome su decisión. A partir de ese momento, ese Estado y yo iniciamos las negociaciones para llegar a un acuerdo de retirada en el que se establezcan también las bases de las futuras relaciones.

Esas negociaciones son largas y duras porque hay que aclarar muchas cosas. Por ejemplo, en el caso de Reino Unido había que aclarar cómo iban a ser las futuras relaciones comerciales, qué iba a pasar con Irlanda del Norte, que tiene soberanía británica, pero geográficamente se sitúa en la Isla de Irlanda, cómo iban a saldarse las deudas y obligaciones económicas que todavía quedaban pendientes entre Reino Unido y yo… En fin, un sinfín de cosas, en donde yo, la Unión Europea, buscaba como siempre el interés comunitario y Reino Unido el suyo.

@Paloma. Entonces, ¿en el acuerdo de retirada siempre se intenta llegar a un acuerdo amistoso?

@Unión Europea. Sí. En el proceso de retirada siempre se busca primero llegar a un acuerdo, porque es una forma menos traumática de terminar las relaciones. Pero todos somos conscientes de la dificultad de alcanzar un acuerdo, y por eso los Tratados prevén un plazo de dos años para ello. Ese plazo se cuenta desde que el país me notifica formalmente que quiere abandonarme. Si pasan esos dos años sin que se haya alcanzado un acuerdo, entonces de manera automática se produce la retirada del Estado, que deja formalmente de pertenecer a la Unión Europea.

Es un plazo prudente que impide que las negociaciones puedan alargarse durante años forzando la permanencia indefinida en mi estructura de un país que quiere dejar de ser Estado miembro. Sin embargo, el Estado que quiere marcharse y yo podemos acordar una prolongación de ese período de dos años si ambos estamos de acuerdo. Es lo que pasó en el caso de Reino Unido, porque ambos éramos conscientes de la conveniencia de alcanzar un pacto. Por eso se alargó tanto el proceso.

@Joaquín. Entonces, primero se intenta el acuerdo durante dos años, y si no el Estado se va igualmente, ¿no?

@Unión Europea. Así es, Joaquín. Digamos que el procedimiento de retirada pretende ser consensuado, de forma que se llegue a un acuerdo amistoso sobre las obligaciones de cada una de las partes cuando se produce la retirada. Pero si no se consigue ese pacto, el procedimiento se torna unilateral. El Estado se va porque así lo ha decidido. No se puede retener a nadie a la fuerza. Esta última opción complica mucho las cosas. Es como en un proceso de divorcio o separación. Primero se intenta la separación amistosa, y si no, pues hay que acudir al juez.

@Sebastián. ¿Y podría Reino Unido querer volver a entrar en tu club, Unión Europea?

@Unión Europea. Claro, pero tendría que volver a solicitar la adhesión, siguiendo el procedimiento que te he explicado hace un momento.

@Felipe. Ya lo entiendo. ¡Gracias!

@Unión Europea. ¿Te gustaría seguir aprendiendo más cosas sobre mí? Entonces haz clic en CONTINUAR.

VALORES Y OBJETIVOS DE LA UNIÓN EUROPEA

#EL MERCADO COMÚN Y EL MERCADO ÚNICO

@Alberto. ¿Entonces, qué es lo que haces, Unión Europea? ¿Para qué sirves?

@Unión Europea. Hola Alberto. Pues, te diré que tengo muchos objetivos. Así lo han querido los Estados que crearon y también los que se han ido sumando al proyecto a lo largo de los años. Mis objetivos se definen en los Tratados, que son los acuerdos que alcanzaron los Estados para crearme y que se han ido modificando a lo largo del tiempo, generalmente para darme mayor capacidad de acción. Cuando actúo, tengo que ceñirme muy bien a lo que dicen los Tratados, y no puedo hacer nada que no se encuentre especificado en ellos. Los Estados me ponen límites, porque hay asuntos donde quieren seguir decidiendo por sí mismos, de manera independiente y donde no quieren que yo interfiera. Con todo, mi capacidad de acción es muy amplia, y eso se traduce en una gran cantidad de objetivos.

@Andrea. ¿Y exactamente, cuáles son esos objetivos?

@Unión Europea. Pues mira, Andrea, son muy variados. Tengo objetivos económicos y objetivos políticos. Yo siempre me imagino a mí misma como un edificio con dos fachadas: una fachada, delantera y más visible por ser la que tiene mayor altura, en la que los logros han sido mayores: es la fachada de los intereses económicos comunes, símbolo de la unión económica.

La fachada posterior, de menor envergadura, es la fachada de los objetivos políticos, o de la unión política. Aquí mis avances han sido más modestos, porque los Estados son reacios a ceder parte de su poder para que yo decida por ellos en cuestiones como asilo, inmigración, política interior o justicia. Con todo, se han producido también avances notables de los que te hablaré después.

@Pablo. ¿Podrías hablarme de la fachada principal, o sea, de los intereses económicos que tus Estados miembros ponen en común para que tú gestiones?

@Unión Europea. Sí, Pablo, claro que sí. Como ya te he contado, inicialmente los países fundadores querían construir un mercado común que permitiera la libre circulación de productos, bienes, servicios y mercancías. En la práctica ello significó que el territorio de los Estados miembros funcionaba como un espacio único y sin fronteras a efectos de los intercambios comerciales. Es decir, se constituyó un mercado común que agrupaba a los seis países fundadores y que conllevaba que estos pudieran comprar y vender sus productos entre sí, sin tener que pagar aranceles o impuestos por la importación, o la exportación de los mismos.

Esto fue un gran avance, porque facilitaba el comercio entre estos países comunitarios y permitía que circularan productos de unos países comunitarios a otros sin tener que pagar por ellos un precio más elevado. Esto era especialmente importante en el caso de los productos de alimentación, escasos en aquella época, ya que permitía su comercialización sin añadir gravámenes económicos cuando esos productos traspasaban las fronteras nacionales. Por ejemplo, Francia podía vender frutas a Alemania sin tener que pagar aranceles cuando esas frutas francesas atravesaban las fronteras del Estado alemán. Esto tenía innumerables ventajas para todos. Para los consumidores porque les permitía comprar frutas a un precio más barato y disponer de variedades o productos que no se cultivaban en Alemania. Para los productores porque les permitía ampliar su mercado a otros Estados y, por tanto, incrementar también sus beneficios. Y, sobre todo, y no lo olvidemos, detrás de estos intereses, digamos más prácticos, subyacía un objetivo encubierto. Crear lazos de amistad e intereses comunes entre países que no muchos años antes habían luchado entre sí, como era el caso de Francia y Alemania. Todas ventajas muy claramente.

@**Enrique.** Gracias, Unión Europea por este ejemplo. Me hace entender mucho mejor lo que es el mercado común y el propósito de la creación de las Comunidades Europeas. Pero quería preguntarte algo, ¿es lo mismo el mercado común que el mercado único o el mercado interior? No oigo hablar del mercado común en las noticias. Sin embargo, el mercado único o mercado interior está mucho más presente en los medios.

@**Unión Europea.** Muy buena observación, Enrique. Muchas gracias. Mercado interior y mercado único son términos equivalentes. Puedes usarlos indistintamente. Sin embargo, el mercado común es otra cosa. El mercado común es la primera manifestación de la unión económica. Significó la supresión de aranceles a la importación o exportación de productos entre los países del club de los seis.

@Luisa. ¿Y qué son los aranceles?

@Unión Europea. Los aranceles son una especie de tasa, o tributo que los productores de un país tienen que pagar a otro cuando quieren vender en él sus productos. El mercado común evitó que los países comunitarios tuvieran que pagar esos aranceles en sus transacciones comerciales. Por ejemplo, las frutas que iban a Alemania desde Francia no pagaban aranceles cuando traspasaban las fronteras alemanas.

Sin embargo, ese no es el único obstáculo que se encontraban los productores o vendedores cuando exportaban sus productos. Había también obstáculos físicos que el mercado común no podía vencer. Por ejemplo, las aduanas. Cuando un camionero francés trasportaba su mercancía a Alemania, tenía que atravesar distintas fronteras en su camino, entre ellas las del Estado alemán. Y cada vez que esto ocurría, el camionero tenía que parar en la frontera, enseñar su documentación, la del camión que conducía, la de los productos que transportaba… En fin, una odisea que entorpecía mucho la libre circulación de los productos, que en muchas ocasiones eran perecederos, y que también encarecía los costes de transporte y administrativos.

En otras ocasiones, los productos que se transportaban eran más específicos, por ejemplo, productos médicos, o sanitarios, juguetes, etc. En esos casos, cada país tenía unas normas o estándares diferentes para fabricar esos productos, que podían diferir en cuanto a la calidad, la seguridad, los controles, los procesos de fabricación, etc., y que hacía que no todos los bienes y productos fueran susceptibles de importación o exportación entre los socios comunitarios.

Todos estos obstáculos desaparecen con el mercado único, o mercado interior, que suprime las aduanas, de forma que desaparecen también las fronteras físicas y unifica la normativa de producción, calidad y seguridad de los bienes y servicios, de forma que los requisitos sean los mismos o similares en todos los Estados miembros. Podemos decir que el mercado único, o mercado interior es la evolución del mercado común.

@Enrique. Entonces, ¿cuándo acaba el mercado común y empieza el mercado único o mercado interior?

@Unión Europea. Muy bien traído, Enrique. Pues mira, a mí no me gustan las prisas. Las cosas se consiguen poco a poco con el esfuerzo de todos los países, de forma que desde que se contempla un objetivo en el horizonte, hasta que se hace realidad suelen pasar unos años. Los Tratados prevén objetivos a largo plazo y funcionan como faros a los cuales yo, la Unión Europea, y los Estados nos dirigimos. Pero para conseguirlo hay que trabajar duro. Por ejemplo, el mercado común es un objetivo que prevén los Estados en el Tratado de Roma en 1957, que se consolidó en 1968. En esa fecha, los Estados, viendo que han conseguido el objetivo inicial, se lanzan a conseguir un reto más importante, el mercado interior o mercado único. Y para ello tienen que darme un mayor protagonismo a mí, para que pueda gestionar esos intereses comunes y aprobar normas que establezcan estándares de seguridad y calidad de los productos comunes para todos los Estados y garantizar la libre competencia.

A día de hoy, podemos decir que el mercado interior o mercado único está consolidado. Piensa solamente cómo te estás beneficiando tú ahora mismo de este mercado único, que te permite elegir entre multitud de operadores de telefonía, algunos españoles y otros no, pero que pueden ofrecerte igualmente servicios telefónicos y de Internet compitiendo en igualdad de condiciones con empresas españolas. ¿Qué tarifa te resulta más barata, Pepe Phone u Orange? Puedes elegir lo que te convenga y eso es porque existe un mercado interior que promueve la libre competencia entre todas las empresas que ofertan un determinado producto o servicio, tengan su sede o domicilio social en España, o no. ¿No te parece alucinante? Pero todavía quedan aristas que pulir para conseguir que la libre circulación de productos, bienes y servicios sean una realidad. De eso te hablaré luego.

#LA LIBRE CIRCULACIÓN DE TRABAJADOR@S

@Raquel. Oye, Unión Europea, me ha dicho un amigo que trabaja fuera que si él puede trabajar en Holanda es gracias a ti y al mercado único. ¿Es verdad?

@Unión Europea. Pues, en parte así es. Me explico. Trabajar en un país distinto al de tu nacionalidad es una posibilidad que está abierta en casi todos los países. Hay que conseguir un visado y un permiso de trabajo para trabajar legalmente y ya está. Pero en el caso de la Unión Europea, trabajar en un Estado miembro no es solo una posibilidad, es también un derecho, o si quieres, una libertad comunitaria. Mira, el mercado interior o mercado único se construye sobre cuatro libertades comunitarias.

— La libre circulación de productos, bienes y servicios de la que ya hemos hablado.
— La libre circulación de trabajador@s.
— La libertad de establecimiento y libre prestación de servicios. La libre circulación de capitales.

@Raquel. ¿Qué relación existe entre el mercado único y la libre circulación de trabajador@s?

@Unión Europea. La libre circulación de trabajador@s es uno de los requisitos para constituir ese mercado interior. Y es que su buen funcionamiento no solo necesita fijarse en los productos o servicios ofrecidos, sino también en los factores de producción, es decir, en la mano de obra, o capital humano.

Así el Tratado de Roma ya estableció desde un principio el derecho de l@s trabajador@s comunitarios a desplazarse a otro Estado miembro con la finalidad de realizar un trabajo remunerado o por cuenta ajena, que es aquel en el que tu empresa o empleador te paga por el trabajo que realizas. Y ese derecho se debe ejercer con unas ciertas condiciones que garanticen la no discriminación del trabajador con respecto a los nacionales del país donde trabaja. Esto quiere decir, básicamente, que no cabe conceder menos derechos a un empleado francés que trabaja en Alemania que los que tiene un ciudadano alemán. El empleado francés no debe tratarse de manera desigual, con retribuciones más bajas, prestaciones sanitarias o asistenciales diferentes, pensiones de jubilación menos elevadas, etc. Por ejemplo, si en Holanda l@s trabajador@s que tienen familia numerosa tienen derecho a obtener un descuento cuando viajen en transporte público, esa prestación se aplicará indistintamente a cualquier empleado que cumpla estas condiciones, independientemente de su nacionalidad.

@**Sarai**. Entonces, el mercado interior presupone también un mercado laboral único en el que puedo elegir en qué país quiero trabajar, ¿no? Las posibilidades deben ser infinitas, pero ¿cómo podemos enterarnos de las ofertas de trabajo que hay en otros países comunitarios?

@**Unión Europea**. Muy bien preguntado, Sarai. Y para responder a tu pregunta, te diré que he pensado en todo y he creado una plataforma llamada EURES en la que los solicitantes de empleo de cualquier país comunitario tienen acceso a miles de ofertas de trabajo repartidas en todo mi territorio.

@**Andrés**. ¿Y qué posibilidades de empleo me ofrece EURES?

@**Unión Europea**. Mira, para darte una idea, te lo diré en cifras. EURES tiene más de 3.000.000 millones de ofertas de empleo, más de 9.000.000 de personas han subido sus currículums a esta plataforma, y hay más de 4.000 empleadores registrados. Esta es su página web:

https://eures.europa.eu/index_es

@**Vanesa**. ¿Qué tengo que hacer para que un empresario se fije en mi perfil y me contrate?

@**Unión Europea**. Pues, lo primero que has de hacer, Vanesa, es subir tu currículum a EURES. Para ello, puedes crear tu currículo conforme a un modelo que encontrarás en esta misma página web. Se trata de una plantilla en la que puedes ir seleccionando las habilidades, competencias, experiencia o conocimiento que tengas y darle un formato que te guste. Una vez elaborado, lo puedes subir a la plataforma.

Puedes emplear también este modelo de currículum siempre que te haga falta para otras gestiones. Por ejemplo, si todavía eres estudiante y vas a concurrir a una convocatoria de becas, el modelo Europass es una buena opción para presentar tu currículum. Si lo rellenas, ya verás cómo te gusta el resultado, y de paso vas practicando para ese futuro no muy lejano en el que serás demandante de empleo. Tus méritos quedarán realzados cuando los presentes siguiendo este modelo de currículum.

#LA LIBERTAD DE ESTABLECIMIENTO Y LA LIBRE PRESTACIÓN DE SERVICIOS

@**Alfonso.** ¿Y qué es eso de la libertad de establecimiento y la libre prestación de servicios que has mencionado antes?

@**Unión Europea.** Lo iba a explicar ahora, Alfonso. Muchas gracias por tu pregunta.

La libertad de establecimiento es el derecho que tienen las empresas de establecer su sede, o sucursales de su negocio principal en cualquier Estado miembro, sin ser discriminado por ello. Por ejemplo, si quiero crear una empresa de venta de ropa, puedo establecerme en cualquier Estado comunitario y abrir allí mi tienda, sin que tenga que realizar trámites administrativos adicionales y sin que tenga que pagar impuestos diferentes a los que pagan los nacionales de ese Estado. Imagina el caso de Andrea, que ha estudiado diseño textil en España, su país de origen. Cuando va a iniciar su negocio puede optar por abrir una tienda de moda en Francia, porque entiende que así va a dar más oportunidades a su negocio. Ahora imagina que Andrea crea su empresa en Francia y le llama «Ô là, là!». Si esta empresa tiene mucho éxito y Andrea quiere ampliar su negocio, podrá abrir sucursales de esa tienda en cualquier país europeo en las mismas condiciones en que abrió su negocio inicial. Básicamente, y para que me entiendas, Andrea podrá establecerse empresarialmente en Francia en las mismas condiciones en que lo haría en España y ampliar su negocio a otros países comunitarios.

@Guillermo. ¿Y eso solo aplica a los empresarios? Yo, por ejemplo, estoy estudiando Medicina en España y soy español, pero durante mi Erasmus conocí a una chica holandesa. Vamos en serio y quizá en un futuro me gustaría abrir una clínica de dermatología en Holanda, cuando me traslade allí para vivir con mi chica.

@Unión Europea. Enhorabuena, Guillermo, por tu compromiso. Me estás hablando de otra de las libertades comunitarias: la libre prestación de servicios.

Respondiendo a tu pregunta, te diré que tú como trabajador por cuenta propia puedes prestar tus servicios en cualquier país comunitario. En tu caso, al ser médico la cosa es más fácil, porque los protocolos y la práctica de la medicina está más estandarizada que en otras profesiones. Por ejemplo, imagina un abogado que se ha formado en España. De seguro que va a tener muchas más dificultades para ejercer su profesión que tú, porque el conocerá el sistema jurídico español, pero probablemente no conozca el holandés.

Por otra parte, yo, la Unión Europea, no tengo competencias propias en materia de educación. Solo ayudo y apoyo a los países en esta materia. De esta manera, no existe una legislación comunitaria en materia de títulos universitarios que garantice que las titulaciones de un país comunitario tengan validez en otro Estado miembro. El Espacio de Educación Superior (EES) ha aproximado las legislaciones, pero, aun así, las competencias en materia de educación siguen correspondiendo a los Estados.

Esto, desde luego, es un obstáculo para la libre prestación de servicios, porque a pesar de que los Tratados reconozcan el derecho, en la práctica, si las titulaciones superiores de un país no tienen validez en otro, se hace muy difícil la efectividad del mismo. Para solucionar este problema, los Estados comunitarios han venido haciendo uso de la buena voluntad y han optado por un reconocimiento mutuo de titulaciones que permite soslayar el problema. Luego, cada país ha complementado ese reconocimiento, con requisitos adicionales para el ejercicio de una profesión en su territorio.

En el caso de los médic@s, el ejercicio del derecho a la libre prestación de servicios en cualquier país comunitario es más sencillo. Todos conocemos por la prensa que los profesionales de la sanidad españoles (médic@s y enfermer@s) son muy demandados en Alemania y Holanda, y muchos de ellos deciden establecerse en estos países por la diferencia salarial con España y las mejores condiciones de trabajo.

#LA MONEDA ÚNICA

@**Pedro.** Entonces, ¿crees que la creación de un mercado único o mercado interior, con esas cuatro libertades comunitarias que orbitan a su alrededor es el mayor logro económico que has conseguido a lo largo de los años?

@Unión Europea. Querido Pedro, yo creo que ese es el logro inicial, pero seguramente no el más importante. Quiero decirte que en el plano de los objetivos económicos (la fachada principal y más notoria de mi edificio) siempre he ido de éxito en éxito. Ya hemos hablado de cómo el mercado común que preveía el Tratado de Roma de 1957 se vio pronto superado por el objetivo de crear un mercado único o interior. Cuando los Estados miembros entienden que ese objetivo está más o menos conseguido, se ponen manos a la obra para fijar un objetivo más ambicioso: la creación de la moneda única, el euro. El compromiso para trabajar por este objetivo se plasmó en el Tratado de Maastricht, firmado en 1992, que es el Tratado más importante desde que se firmara el Tratado de Roma de 1957. Y no solo porque en él se ponen las bases para la creación de la moneda única, sino también porque se da un paso de gigante en la unión política, con la creación de la ciudadanía europea. Pero bueno, esa es otra historia de la que ya hemos hablado.

@Fina. Entonces, ¿cuándo se crea la moneda única?

@Unión Europea. Pues, mira, Fina, el Tratado de Maastricht puso las bases para la creación de la moneda única, que no sería una realidad hasta el año 2002. Hasta ese año se fue construyendo el entramado burocrático, financiero e institucional necesario para poner en circulación la moneda, y se empezaron a realizar las primeras transacciones financieras utilizando como moneda el euro. Pero no será hasta 2002 cuando los ciudadanos europeos llevamos la moneda en el bolsillo y la incorporamos a las transacciones de nuestro día a día. A nosotros, como ciudadanos europeos, nos facilita enormemente la vida. No hay más que pensar en la comodidad que significa poder ir de viaje a Italia, Alemania, o Francia y no tener que cambiar divisas. Un ahorro de tiempo y de dinero impresionante. Pero además de esto, no olvides que desde el punto de vista de la economía ello también tiene innumerables ventajas para las empresas y el desarrollo económico y nos ha permitido crear una moneda fuerte capaz de competir con divisas tan importantes como el dólar. ¿Alguien da más?

La puesta en circulación de la moneda única fue un hito en la creación de una verdadera unión económica entre los Estados y superó con creces cualquier expectativa que mis padres ideológicos, y mis seis Estados fundadores tuvieron en mente cuando idearon y pusieron en práctica ese proyecto de comunidades europeas. Me gusta imaginar qué pasaría si Jean Monnet o Schuman levantaran la cabeza y se encontraran con el euro en sus bolsillos. ;)

@**Susana**. ¿Pero entonces, todos los Estados miembros de la Unión Europea tienen como moneda el euro?

@**Unión Europea**. No, Susana. No todos. El euro se utiliza en 19 países: Alemania, Austria, Bélgica, Chipre, Eslovaquia, Eslovenia, España, Estonia, Finlandia, Francia, Grecia, Irlanda, Italia, Letonia, Lituania, Luxemburgo, Malta, Países Bajos y Portugal.

@**Pedro**. Hay países comunitarios que no tienen el euro en circulación en este momento, ¿por qué?

@**Unión Europea**. Hay distintas razones para ello. Hay algunos países que no quieren utilizar esta moneda y pueden imponer esta condición o cláusula de exclusión. Es el caso de Dinamarca, y también fue el caso de Reino Unido mientras perteneció a mi club. En el caso de Suecia, su población no aprueba la moneda única, y por esta razón también permanece al margen de la zona euro.

Otros países no están en el euro porque no cumplen las condiciones económicas, jurídicas y financieras para ello, es decir, los criterios de convergencia. Se trata de Estados que se adhirieron a la Unión en 2004, 2007 y 2013, tras la introducción del euro. En el momento de su adhesión, no reunían las condiciones necesarias para formar parte de la zona del euro, pero se han comprometido a adherirse a medida que cumplan esas condiciones. Así ocurre en el caso de Bulgaria, Croacia, Chequia, Hungría, Polonia y Rumanía.

Como curiosidad, te diré que Andorra, Mónaco, San Marino y la Ciudad del Vaticano han adoptado el euro como moneda nacional en virtud de acuerdos monetarios específicos conmigo, y pueden emitir sus propias monedas de euro dentro de determinados límites. Sin embargo, como no son Estados miembros, no forman parte de la zona del euro.

#LA UNIÓN BANCARIA

@**Sara.** ¿La moneda única es el último avance en la unión económica?

@**Unión Europea.** Muy buena pregunta, Sara. Pues la verdad es que no, que seguimos avanzando. Las crisis económicas de los últimos años nos han puesto a prueba. Es lo que ocurrió en 2008 con la crisis de la deuda soberana, que puso en jaque el sistema bancario de algunos

Estados europeos. Muchos bancos tuvieron que ser rescatados a causa de su mala gestión económica y eso es una amenaza para la estabilidad del euro, que tiene que tener un entorno económico y financiero estable para poder mantenerse y florecer. Es por ello, que yo, la Unión Europea, articulé un sistema de control y supervisión de las cuentas de los bancos, para evitar futuros desmanes que pusieran en peligro la economía de los Estados miembros y del euro, y para prevenir futuros acontecimientos similares. A esto se le ha llamado la Unión Bancaria.

Este sistema se basa en un Mecanismo Único de Supervisión (MUS), donde es el Banco Central Europeo quien controla las cuentas de los grandes bancos, y en el Mecanismo Único de Rescate (MUR), que establece unos procesos de liquidación ordenada para el caso de que un banco entre en quiebra, priorizando a los pequeños ahorradores para que siempre tengan garantizado que recuperarán el importe de sus depósitos.

#EL ESPACIO DE LIBERTAD, SEGURIDAD
Y JUSTICIA

@**Araceli.** Me ha quedado muy claro el tema de los objetivos económicos y de la unión económica, y cómo los avances de la unión económica han ido afianzando el edifico europeo y dotándolo de una mayor altura, pero ¿qué hay de la otra fachada del edificio?, ¿qué hay de la unión política?

@**Unión Europea.** Sí, Araceli. Veo que has Estado muy atenta. Para simplificar el tema te diré que la unión política se resume en dos grandes cosas: la ciudadanía europea y el Espacio de Libertad, Seguridad y Justicia.

@Melisa. ¿Qué es eso del Espacio de Libertad, Seguridad y Justicia?

@Unión Europea. Pues eso, Melisa, es una cuestión nada fácil de explicar. Voy a intentar hacerlo comparándolo con mercado interior que ya conoces. Si quisiéramos resumir qué es el mercado interior de manera muy simplificada, diríamos que es aquel espacio formado por el territorio de los países miembros en el que han desaparecido las fronteras interiores en lo que se refiere a las transacciones comerciales.

Con el espacio de libertad, seguridad y justicia sucede algo parecido. Es la traslación del mercado único al ámbito de la unión política. Porque con el espacio de libertad, seguridad y justicia se pretende que el territorio de los Estados miembros funcione como un único espacio físico en el que quede asegurada la libertad, la seguridad y la justicia, reconociendo, además, la libertad de circulación y de residencia para los ciudadanos que viven en él. También aquí han desaparecido las fronteras interiores a estos efectos.

@Sofía. ¿Me lo explicas otra vez?

@Unión Europea. ¡Claro que sí! Para entenderlo, quiero que pienses en mí como ese edificio del que hemos hablado. En ese edificio hay distintos vecinos que viven cada uno en un piso. Imagina que cada uno de esos pisos representa a un país. Pues, bien, el Espacio de Libertad, Seguridad y Justicia es ese edificio donde las puertas de todos los vecinos están abiertas para los demás. Una vez dentro del edificio, los vecinos pueden entrar y salir libremente de los pisos de los otros vecinos, e incluso quedarse a vivir en ellos y ejercer sus derechos en igualdad de condiciones que los moradores originarios. Para entrar o salir, basta con que muestren su documento nacional de identidad. Ese edificio es un Espacio de libertad, donde los vecinos tienen un derecho de libre circulación, e incluso de residencia.

Pero eso quiere decir que hay que vigilar muy bien la puerta principal de entrada al edificio, porque una vez dentro de él los vecinos podrán transitar libremente de un país a otro y ello puede favorecer la aparición de mafias o crimen organizado que aprovechen la facilidad de movimientos para cometer delitos. Eso significa que todos los vecinos deben adoptar normas comunes para decidir quién debe entrar en el edificio y quién no, o lo que es lo mismo, deben de tener normas comunes sobre asilo e inmigración que aseguren que las personas que traspasan la frontera externa de un país lo van a hacer con arreglo a unas condiciones acordadas, porque una vez dentro podrá moverse libremente a cualquier otro país miembro. Pues bien, esas normas comunes las fijo yo, en nombre de todos mis Estados y todos ellos están obligados a acatarlas. El Espacio de Libertad, Seguridad y Justicia es el interior de ese edificio donde las puertas de las viviendas están abiertas a todos los vecinos.

@Juan. Creo que ya lo voy entendiendo.

@Unión Europea. ¡Perfecto! Pero no es solo esto, sino que debe de haber también una cierta coordinación policial y judicial para que la policía de un país pueda adentrarse en el territorio de otro Estado persiguiendo a un delincuente, o para que las policías de distintos países colaboren y se presten información relevante sobre posibles delitos. Igualmente, esa colaboración debe extenderse al ámbito judicial de forma que un país pueda emitir una orden de extradición reclamando un presunto criminal que ha huido a otro país.

Esa colaboración judicial no solo se justifica en el caso de los delitos, sino que también es una exigencia que deriva del mercado único y de la mayor interacción de los ciudadanos comunitarios. Por ejemplo, imagina que alquilas tu piso a un estudiante Erasmus y deja de pagarte. Si un juez español dice que tiene que pagarte los atrasos, pero el estudiante vuelve a su país, pongamos por caso Polonia, ¿cómo vas a reclamarle los atrasos si en Polonia no se reconocen las sentencias judiciales dictadas en España? O piensa también que los matrimonios entre ciudadanos intracomunitarios (de dos países miembros) son cada vez más frecuentes. Si luego hay un divorcio, ¿cómo se van a resolver las controversias que surjan, o el tema de la tutela de los hijos? La cooperación judicial es, por tanto, imprescindible.

Por eso, el Espacio de Libertad, Seguridad y Justicia es ese ámbito comunitario donde los ciudadanos pueden vivir tranquilos, porque se han creado las condiciones para que así sea. Y esas condiciones pasan por que todos los países adquieran unos mismos compromisos y tengan unas normas armonizadas, de modo que las actuaciones de unos no comprometan la seguridad de los demás. Y ahí es donde entro yo en juego, porque soy yo quien apruebo esas normas comunes a las que se someten los Estados para garantizar la seguridad, la libertad y la justicia.

Esa es la unión política, que supera y complementa la unión económica y que implica que sea yo quien establezca unas normas comunes en materia de asilo, inmigración, cooperación judicial y policial para todos los Estados, con base en el poder que cada uno de ellos me ha cedido.

@**Pilar.** ¿Eso significa que los países te han dado a ti, Unión Europea, toda la capacidad de decisión sobre estos temas?

@**Unión Europea.** ¡Qué va, Pilar! Todo lo contrario. La capacidad que me han dado los Estados en estas materias es muy limitada, pero al menos me basta para regular unos mínimos, aunque queda mucho por hacer. Recuerda que los Estados son reacios a ceder poder, sobre todo en materias tan sensibles como estas. Pero, si los Estados no me dieran la capacidad para regular unos mínimos, la libertad y seguridad de los ciudadanos europeos estaría amenazada, y tampoco el mercado interior resultaría viable.

#EL ESPACIO SCHENGEN

@**Alicia.** Yo he oído hablar del espacio Schengen. ¿Qué es? ¿Es lo mismo que el Espacio de Libertad, Seguridad y Justicia?

@**Unión Europea.** Pues mira, Alicia, el espacio Schengen podría decirse que es el antecedente del Espacio de Libertad, Seguridad y Justicia. Es una conquista alcanzada por un grupo de países visionarios y avanzados a su tiempo que se adelantaron y facilitaron algunos de mis logros posteriores. Te explico. El espacio Schengen es el resultado de un Tratado, el de Schengen, llamado así por la ciudad luxemburguesa donde se firma. Por medio de él, Francia, Alemania, Bélgica, Luxemburgo y los Países Bajos, se comprometen a permitir en condiciones de reciprocidad la libre circulación de sus ciudadanos. Si te fijas, son todos los países firmantes del Tratado de Roma, en 1957, menos Italia.

El acuerdo se firma en 1985 y esta fecha es importante, porque por entonces, aún no se había firmado el Tratado de Maastricht, que es el que reconoce la ciudanía europea y el derecho de libre circulación y residencia. Por eso, estos cinco países, siempre a la vanguardia de la integración europea, deciden dar este paso por su cuenta, al margen de los otros Estados comunitarios, que en ese momento no están por la labor. A este procedimiento se le llama procedimiento de cooperación reforzada, y permite a un grupo de países avanzar por su cuenta, aunque el resto no estén de acuerdo.

Se crea así un espacio sin fronteras interiores donde los ciudadanos de esos cinco Estados pueden circular libremente. Significa también que se establecen unas normas comunes en el control de las fronteras exteriores, y concesión de visados, de forma que las personas que se encuentran válidamente en el territorio de uno de esos Estados, pueden moverse por el resto de Estados Schengen durante el período autorizado para su estancia, aunque no sean ciudadanos europeos.

El Acuerdo y el Convenio de Schengen entraría en vigor en 1995 y tienen la particularidad de que posteriormente se van añadiendo nuevos Estados, algunos de ellos países comunitarios, y otros que no lo son, como Suiza, Liechtenstein, Noruega e Islandia. A partir de 2004, todos los países que se adhieran a mi club tienen que integrase también en el espacio Schengen y adoptar lo que se llama el acervo Schengen.

@Joaquín. Entonces, ¿el espacio Schengen y el Espacio de Libertad, Seguridad y Justicia son lo mismo?

@Unión Europea. No, Joaquín, no son lo mismo, aunque coinciden en algunos aspectos. No son lo mismo porque no todos los países que forman parte del Espacio Schengen forman parte del Espacio de Libertad, Seguridad y Justicia y a la inversa.

Los países del Espacio de Libertad, Seguridad y Justicia son todos países comunitarios. El espacio Schengen admite países no comunitarios como los que hemos mencionado. Y, además, algunos de los países comunitarios no han querido formar parte de Schengen. Era el caso de Reino Unido antes de su salida, y ahora es el caso de Dinamarca que tampoco se ha integrado en el espacio Schengen.

En la práctica, eso quiere decir que Dinamarca permite la libre circulación de ciudadanos comunitarios, pero realiza sus propios controles cuando se trata de nacionales de otros Estados no miembros de la Unión Europea. Si viajas a Dinamarca, observarás que en su aeropuerto hay dos controles de entrada. Uno para los ciudadanos comunitarios, que solo están obligados a mostrar su documento nacional de identidad, y otro, para los ciudadanos no comunitarios, por ejemplo, americanos, que han de demostrar que cumplen las condiciones de acceso de la legislación danesa. No basta con haber entrado en el territorio de otro Estado miembro y proceder de un vuelo España-Dinamarca, por ejemplo. Esto quiere decir que Dinamarca no ha renunciado a realizar sus propios controles cuando se trata de ciudadanos extracomunitarios y que el hecho de que, por ejemplo, un colombiano, haya traspasado legalmente las fronteras exteriores del espacio Schengen al venir a España, no le exime de pasar los controles y cumplir los requisitos de acceso al país danés.

@Gabriel. Entonces, ¿la única diferencia entre ambos es la de los países que los integran?

@Unión Europea. No, Gabriel, no. Hay más diferencias. El Espacio de Libertad, Seguridad y Justicia es una versión mejorada del espacio Schengen porque los Estados me han cedido poder para que yo decida por ellos en algunas cuestiones. El Espacio de Libertad, Seguridad y Justicia comporta, por tanto, normas comunes para poder traspasar las fronteras exteriores, pero añade derechos como la libertad de residencia que se aplica a los ciudadanos comunitarios y unas políticas comunes en materia de asilo e inmigración.

@Sara. Podría decirse que el espacio Schengen inspiró lo que luego sería el Espacio de Libertad, Seguridad y Justicia, ¿no?

@Unión Europea. Sí, Sara. Mostró a los países miembros que era viable alcanzar compromisos comunes como el control de las fronteras externas. Y ese es el requisito básico para suprimir las fronteras interiores e intensificar la unión política.

Pero Schengen y el Espacio de Libertad, Seguridad y Justicia se basa en principios diferentes. El primero se basa en el principio de cooperación internacional, sin cesión de competencias. En el segundo, sin embargo, los Estados sí ceden parte de sus competencias para que sea yo quien establezca normas comunes.

#OBJETIVOS DE CARA AL EXTERIOR

@Pablo. ¿Cuáles dirías que son tus principales logros hasta la fecha?

@Unión Europea. Mira, Pablo, no me gusta presumir, pero creo que puedo decir que he logrado cosas impensables que no se han conseguido en ninguna otra parte del mundo. He logrado crear un mercado interior donde los bienes, productos y servicios circulan como si tratara de un único mercado sin fronteras interiores y con una única frontera exterior. He logrado que los ciudadanos europeos puedan desplazarse sin apenas limitaciones por los Estados miembros, e incluso que puedan fijar su lugar de residencia en cualquiera de esos Estados, en un entorno de libertad seguridad y justicia. He logrado crear una moneda única para casi todos los Estados comunitarios. Es decir, he logrado una unión económica y política que os ha dado a vosotros, los ciudadanos paz y prosperidad. Y he conseguido exportar parte de esa paz y prosperidad al resto del mundo, contribuyendo a la democratización de otros países y a su desarrollo económico y social a través de la cooperación al desarrollo y la ayuda humanitaria.

Eso quiere decir que también he adquirido compromisos con el resto del mundo, como afirmar y promover mis valores e intereses en el exterior; contribuir a la paz y la seguridad y al desarrollo sostenible del planeta; contribuir a la solidaridad y el respeto mutuo entre los pueblos, el comercio libre y justo, la erradicación de la pobreza, la protección de los derechos humanos y el estricto respeto del Derecho internacional.

#¿CUÁLES SON TUS VALORES, UNIÓN EUROPEA?

@Tomás. Antes has hablado también de valores. ¿A qué te refieres con valores y cuáles son?

@Unión Europea. Los valores son mi ideario. Son los principios que me guían para cumplir mis objetivos y de los que nunca me aparto, sea cual sea la acción que realice. Son mi código deontológico y mis principios éticos y morales. Todas las normas que apruebo han de ser fieles a esos principios.

@Aitana. ¿Y cuáles son esos valores?

@Unión Europea. Son variados, Aitana. Mira, mis valores son la dignidad humana, la libertad, la igualdad, la democracia, la defensa del Estado de Derecho y el respeto de los derechos fundamentales.

Y creo que los he seguido de manera bastante fidedigna, porque en 2012 recibí el premio Nobel de la Paz por mi contribución al avance de la paz, la reconciliación, la democracia y los derechos humanos en Europa.

@Alfonso. ¿Y dónde se encuentran recogidos esos valores?

@Unión Europea. Esos valores se encuentran establecidos en los Tratados y en la Carta de Derechos Fundamentales de la Unión Europea. Ya sabes que todo lo que se recoge en los Tratados me obliga. Y mis Estados miembros, cuando me crearon, lo hicieron con la finalidad de alcanzar la paz y el respeto de las personas. Por eso incluyeron estos principios en mi acta de nacimiento, el Tratado de Roma, de forma que estos valores condicionan la forma en la que actúo desde mi nacimiento.

@Sarai. ¿Y qué pasaría si en algún momento actuaras en contra de estos valores?

@Unión Europea. Pues estaría yendo en contra de los Tratados y en ese caso, existe un mecanismo de autodefensa previsto en ellos que hace inválido cualquier acto o norma que yo dicte y que los contradiga.

Además, quiero que sepas que los valores de igualdad, democracia, dignidad y derechos humanos, no solo los aplico a mis ciudadanos, sino también en mis relaciones con el resto del mundo, porque también tengo objetivos que cumplir de cara al exterior.

@Reme. Hablas muchos de nosotros, los ciudadanos europeos. ¿En qué consiste la ciudadanía europea?

@Unión Europea. Querida Reme, la pregunta que me haces es tan importante que merece una respuesta aparte. Los ciudadanos europeos soy lo más preciado para mí. Haz clic AQUÍ y te mostraré en qué consiste la ciudadanía europea.

6

LA CIUDADANÍA EUROPEA

#¿POR QUÉ SOMOS CIUDADAN@S EUROPE@S?

@Rosa. Yo creo que soy ciudadana europea, ¿es así y por qué?

@Unión Europea. Efectivamente, Rosa, tú eres ciudadana europea. ¿Sabes por qué? Porque tienes la nacionalidad de un país miembro de la Unión Europea. La ciudadanía europea es un estatus jurídico que se concede automáticamente a todos los ciudadanos que son nacionales de uno de los 27 países que me conforman. Se añade a tu nacionalidad, Rosa, de modo que puedes estar tranquila, porque además de ser española, y precisamente por eso también te corresponde la condición de ciudadana europea.

@Ascensión. ¿Y desde cuándo existe la ciudadanía europea?

@Unión Europea. Pues mira, Rosa, esa es una conquista reciente. La ciudadanía europea surge con el Tratado de Maastricht. ¿Te acuerdas de ese Tratado, que antes hemos dicho que representa un paso de gigante en mi evolución? Sí, aquel en el que también se ponen las bases de la moneda única. ¡Haz memoria!

@Francisca. ¡Ah! sí ya me acuerdo. Pero ¿por qué se creó la ciudadanía europea? ¿O para qué? ¿Tenías tú o los Estados algún interés en ello?

@Unión Europea. Esta pregunta es inteligentísima, porque efectivamente, hay varias razones para ello. Te las cuento todas. Mira, en primer lugar, en 1992 los Estados están preparados para asumir el compromiso de darme más poderes. Quieren crear una moneda única, y ello supone un mayor compromiso de integración económica. Pero al mismo tiempo quieren avanzar también hacia una unión política, donde yo no sea únicamente un mercado y empiece a tener otras responsabilidades más allá de lo económico. Para ello los Estados deciden dotarme de una ciudadanía, que es algo que distingue a todos los entes de naturaleza política (el Estado, los municipios). Con ello los Estados quieren resaltar que estoy preparada para actuar en parcelas que van más allá de lo económico. La ciudadanía europea es la argamasa que mantiene unida la unión política en que los Estados me quieren convertir.

Por otro lado, los Estados también quieren legitimarme ante los ciudadanos.

@Andrea. ¿Qué quiere decir eso de legitimarte?

@Unión Europea. Pues que los Estados quieren que me miréis con buenos ojos. Que me gane vuestro respeto, que penséis que soy útil. Y para ello, los Estados que me conforman crean la idea de ciudadanía europea, que supone establecer un vínculo directo entre vosotros y yo. Vosotros sois mis ciudadanos, las personas por las que me preocupo y a las que les reconozco derechos. Es decir, que los Estados saben que yo solo puedo crecer si vosotros me apoyáis y me consideráis parte de vuestras vidas, si participáis en la elección de vuestros representantes en mis instituciones, si participáis en la elaboración de mis decisiones. ¿Quién quiere acatar unas normas que no han sido hechas por sus representantes, o donde no ha participado? Eso solo ocurre en los sistemas de gobierno autoritario, y yo soy una democracia.

Vosotros tenéis mucha capacidad para decidir sobre mi futuro. No hay más que ver lo que ha pasado en Reino Unido. Por eso es importante que me aceptéis y os sintáis parte del proyecto europeo. Eso se ha conseguido dándoos el estatus de ciudadanos europeos, dejándoos elegir a vuestros representantes en el Parlamento Europeo, que es la voz del pueblo y haciéndoos participes del procedimiento de producción de normas europeas. El Tratado de Maastricht contribuyó en buena medida a conseguir todos estos objetivos.

Con Maastricht ya no sois solo trabajador@s, o consumidores para mí, sino que sois mi ciudadanía. ¿Entiendes ahora lo que quiero decir cuando hablo de mí como una comunidad política, y no solo económica?

@Ingrid. Sí, creo que bastante bien. ¿Y en qué me beneficia a mí ser ciudadana europea? ¿Qué ventajas tengo?

@Unión Europea. Por de pronto, Ingrid, estás siendo testigo del período de paz más largo que han vivido los países comunitarios. Y eso es gracias a mi labor, sin duda. Pero, además, tu condición de ciudadana europea te otorga una serie de derechos que puedes ejercer ante tu país y también ante mí y mis instituciones. Se dice que la ciudadanía europea es la única en el mundo que tiene derechos y no obligaciones. ¿Quién podría pedir más?

@Lidia. ¿Y mis derechos están recogidos en alguna norma?

@Unión Europea. Sí, Lidia, ¡claro! Mira, vuestros derechos como ciudadanos se recogen en los Tratados, y también en un documento que tiene el mismo valor que los Tratados, que es la Carta de Derechos fundamentales de la Unión Europea. La Carta enumera una serie de derechos políticos, democráticos, sociales y económicos que los ciudadanos pueden invocar ante sus Estados y también ante mí, la Unión Europea.

#DERECHO DE LIBRE CIRCULACIÓN Y RESIDENCIA

@Rosalía. ¿Y qué derechos me otorga mi ciudadanía europea?

@Unión Europea. Pues, unos cuantos, Rosalía, unos cuantos. Para empezar, tienes el derecho de libre circulación y residencia. Eso quiere decir que puedes moverte por todos los países comunitarios como si circularas por tu país, sin que existan fronteras interiores y sin que tengas que pedir ningún tipo de autorización o mostrar farragosa documentación, como pasaportes o visados. Simplemente, mostrando tu DNI, o documento equivalente, puedes pasar de un Estado a otro. Igual que si te movieras por España. ¿A qué para ir a Galicia no necesitas ningún tipo de permiso o autorización?

Pues lo mismo ocurre si vas a Polonia, Hungría, Dinamarca… Y todo con la tranquilidad de estar moviéndote en un Espacio de Libertad, Seguridad y Justicia.

Y no solo eso, sino que puedes fijar libremente tu lugar de residencia en cualquier país comunitario, aunque no tengas la nacionalidad del país donde residas. Imagínate que te vas de vacaciones o de Erasmus a Alemania, te gusta el país, y decides quedarte a vivir a allí. Bien, pues, puedes hacerlo sin más, sin necesidad de justificar que tienes un trabajo, que estás estudiando, o que tienes algo que hacer allí. Simplemente puedes fijar tu residencia en Alemania porque te gusta.

@Juan Carlos. ¿Entonces, no es necesario que tenga un trabajo, o que esté matriculado cursando estudios para poder vivir allí?

@Unión Europea. Efectivamente, Juan Carlos, así es. Y esto es un privilegio que te da tu condición de ciudadano europeo. Antes de que se creara la idea de ciudadanía europea, en 1992 con el Tratado de Maastricht, el derecho de residencia en un país distinto al de origen estaba supeditado a la realización de una actividad económica. Es decir, solo hubieras tenido garantizado el derecho de residir en Alemania si hubieras Estado trabajando allí, por cuenta propia o ajena, o si hubieras montado allí una empresa. En otro caso, hubieras tenido que solicitar un permiso de residencia al país para que te concediera una autorización conforme a sus normas internas. Hasta 1992 no existía el derecho de libre circulación de personas (ciudadanos), sino solamente el derecho de libre circulación de l@s trabajador@s y la libertad de establecimiento, de las que ya te he hablado. Pero todas esas restricciones se superan con el Tratado de Maastricht, a partir de 1992.

@Amparo. Entonces, ¿me puedo ir a vivir a otro país sin necesidad de más requisitos?

@Unión Europea. Pues casi. Mira, si vas a residir en un país distinto del tuyo, por ejemplo, Alemania, y la estancia es de corta duración (menos de 3 meses), algunos países exigen que notifiques tu presencia a las autoridades. Es un trámite simple y gratuito, para el cual lo único que necesitas es mostrar tu documento de identidad. Si te alojas en un hotel, rellenarás un formulario y el hotel se encargará de notificarlo a las autoridades.

Para estancias de más de tres meses, has de inscribirte en un registro. En España, por ejemplo, un ciudadano que resida por más de tres meses deberá inscribirse en el Registro de Ciudadano de la Unión Europea. La inscripción es un mero trámite, porque la residencia en otro país comunitario es un derecho y no está supeditado a autorización. También deberás acreditar que dispones de recursos suficientes para no ser una carga para el país en que te instalas, lo cual es ciertamente sencillo de demostrar. Basta acreditar que tienes una cuenta abierta en una entidad bancaria con algo de dinero. También es conveniente que contrates un seguro de enfermedad.

@Lidia. Parece muy fácil de conseguir.

@Unión Europea. Efectivamente, Lidia. Para residir en un Estado miembro no necesitas un permiso de residencia, ni nada parecido. De hecho, si resides 5 años ininterrumpidos en ese país, obtendrás automáticamente el permiso de residencia permanente, que solo perderás si te ausentas del país durante más de 2 años consecutivos. Y lo mismo se aplica a los miembros de tu familia (cónyuge, pareja, padres e hijos tuyos o de tu pareja y familiares dependientes que se encuentren a tu cargo).

@Fina. ¿El derecho de libre circulación y residencia se puede ejercer siempre, o hay algunos límites?

@Unión Europea. Hay algunos límites, Fina. Pocos derechos son absolutos. Sin embargo, los límites son muy claros. Este derecho solo se puede limitar por razones de salud o de orden público. Recientemente hemos visto ejemplos, cuando, como consecuencia de la crisis del COVID-19, se han cerrado las fronteras Schengen en algunos países, restringiendo este derecho. Pero eso solo puede ocurrir cuando se trata de enfermedades y pandemias así declaradas por la OMS (Organización Mundial de la Salud). Eso demuestra que los límites son muy restrictivos, pues solo en casos muy tasados se puede suspender este derecho.

#EL DERECHO A LA NO DISCRIMINACIÓN

@Raynor. ¿Y cómo me van a tratar en el país de residencia? ¿Voy a tener los mismos derechos que las personas que son nacionales de ese Estado?

@Unión Europea. Así va a ser en la medida de lo posible. Mira, el derecho de libre circulación y residencia garantiza también el derecho de no discriminación. No tendría sentido que los ciudadanos pudieran moverse libremente por el territorio comunitario, si no se les garantizara, en la medida de lo posible, un trato igualitario con los nacionales del país. Ya sabes que para residir en otro país comunitario no necesitas trabajar, pero si lo hicieras, tendrías los mismos derechos laborales y sociales que un trabajador del país al que vas.

Pero yo voy más allá, y a través de mis normas quiero también garantizar que las personas que se desplazan a otro país comunitario tengan algunos de los derechos políticos que tienen las personas nacionales de ese país. Por ejemplo, el derecho a participar en las elecciones locales.

#EL DERECHO DE SUFRAGIO ACTIVO Y PASIVO EN LAS ELECCIONES LOCALES

@Cristina. He oído que en algunos municipios de España el alcalde es de Alemania o Bélgica. ¿Es eso posible?

@Unión Europea. Perfectamente posible, Cristina. Mira los ciudadanos europeos tenéis reconocido por los Tratados un derecho de nombre un poco rimbombante: el derecho de sufragio activo y pasivo en las elecciones locales del país de residencia.

@Marina. Vaya, pues sí que es rimbombarte, sí. ¿Qué es el derecho de sufragio activo y pasivo en las elecciones municipales?

@Unión Europea. Pues es el derecho que permite a los ciudadanos europeos votar en las elecciones municipales del país donde residen para elegir al alcalde y los concejales (se llama sufragio activo). Pero ese derecho también permite que ese ciudadano europeo pueda presentarse como candidato a alcalde o concejal en el municipio en que reside, aunque no sea nacional de ese país (sufragio pasivo). Por eso en España hay alcaldes que tienen nacionalidad alemana o belga. Y también concejales. Sobre todo, en la Costa del Sol, que ya sabes que a los «guiris» les gusta mucho. ;D

@Escarlata. ¡Vaya! Entonces, si yo voy a vivir a Alemania, ¿también puedo ser alcalde o concejal allí?

@Unión Europea. Pues depende de lo que digan las normas de ese país. Mi normativa no garantiza a los ciudadanos no nacionales del país el derecho a ser alcalde en el país de residencia. Es obligado que los países os permitan ser concejales, pero los Estados podrán decidir si también os dejan presentaros a alcaldes. Por ejemplo, en España somos muy generosos y lo permitimos, pero hay países que no lo permiten. Ello es perfectamente válido porque yo les doy esa opción a los Estados y les permito que decidan lo que más le convenga a este respecto.

@Silvana. Entonces, ¿los ciudadanos europeos también pueden votar en las elecciones generales para elegir al Presidente del Gobierno en España? O, si yo voy a vivir a otro país europeo, ¿puedo participar en las elecciones generales de ese país?

@Unión Europea. No, Silvana. El único derecho electoral, que se reconoce a los ciudadanos europeos es el derecho a participar en las elecciones locales. Sin embargo, ese derecho no se extiende a las elecciones generales del país, o a las elecciones regionales. Por ejemplo, un ciudadano de otro país europeo tampoco podrá votar en unas elecciones autonómicas que se celebren en España.

@Sara. ¿Y por qué en un caso sí se permite y en el otro no?

@Unión Europea. Pues porque el voto, o la capacidad de concurrir a las elecciones son derechos políticos que tradicionalmente van asociados a la idea de nacionalidad. Su reconocimiento y ejercicio se reserva a las personas que tienen la nacionalidad del país. Recuerda que la soberanía reside en el pueblo, que son los nacionales. Los Estados están recelosos de que otras personas que no son sus nacionales puedan participar en la adopción de decisiones tan importantes como la de elegir al presidente del Gobierno de la nación. Los Estados aducen para ello que los «extranjeros», aunque sean ciudadanos comunitarios, no están preparados para decidir estos temas, pero esto no es más que un pretexto.

Sin embargo, en el caso de los municipios, al ser Administraciones más pequeñas y con menos poder, se ha hecho una excepción. Como la Administración municipal es la más cercana al ciudadano, se permite que los residentes comunitarios se integren en la vida política del municipio en el que viven, dejándoles participar en las elecciones, e incluso concurrir a las mismas como alcalde, o concejales. De esta manera, los Estados han asumido el compromiso de permitir esa participación de otros ciudadanos comunitarios en favor de su integración en el país de residencia para equipararlos a los nacionales.

@Virginia. Entonces, si mi amiga Judith, de Bélgica, viene a España y quiere votar en las elecciones locales, ¿qué tiene que hacer?

@Unión Europea. Pues mira, Virginia. Es muy fácil. Solo tiene que manifestar su voluntad de votar en esas elecciones y asegurarse de que figura inscrita en el censo electoral. Así de fácil.

@Mónica. Entonces, si es tan fácil, todos los ciudadanos comunitarios que residan en España querrán votar, ¿no?

@Unión Europea. Pues, lamentablemente no es así, Mónica. El porcentaje de participación en las elecciones municipales es muy bajo. No solo en España, sino también en otros países comunitarios. Hay informes y estadísticas que demuestran que la mayoría de los ciudadanos europeos desconoce sus derechos, o no sabe cómo ejercerlos. Una lástima, porque con el reconocimiento de estos derechos quise despertar la conciencia de ciudadanía europea y de pertenencia a un proyecto común y hasta el momento, todo indica que queda mucho por hacer.

@Virginia. Y si mi amiga Judith, que es belga, vota en España, ¿quiere eso decir que ya no va a poder votar en las elecciones municipales de su país?

@Unión Europea. ¡Qué va! Todo lo contrario. Se trata de sumar derechos, no de restar. Tu amiga podrá votar en España y en Bélgica. Es cierto que hay algunos países, como Reino Unido, que privan de este derecho a sus nacionales cuando han Estado fuera del país durante 4, o 5 años, pero no es lo habitual. Ya sabemos que los británicos son un poco especiales. ;)

#EL DERECHO DE SUFRAGIO ACTIVO
Y PASIVO EN LAS ELECCIONES
AL PARLAMENTO EUROPEO

@Esteban. ¿Y qué otros derechos tenemos los ciudadanos europeos en el país de residencia?

@Unión Europea. Buena pregunta, Esteban, porque no quiero dejar de hablarte del Derecho a participar en las elecciones al Parlamento Europeo, que puedes ejercer en el país donde eres nacional, o en el país donde estás residiendo.

@Esteban. ¿Eso quiere decir que, si soy mayor de edad y me voy a Italia a hacer un máster, puedo votar en Italia quién quiero que sean mis representantes en el Parlamento Europeo?

@Unión Europea. Absolutamente, Esteban. Si estás residiendo en Italia y se celebran elecciones al Parlamento Europeo podrás ejercer tu derecho de voto en el lugar en el que te encuentres, Italia en este caso. Ya sabes que las elecciones al Parlamento Europeo se celebran cada 5 años, y en ellas los ciudadanos tenéis la ocasión de elegir a vuestros representantes en esta institución. Pues bien, para integrar a los ciudadanos en el país en que residen, los Tratados han previsto que puedas votar a l@s candidat@s a eurodiputad@s que se presenten por Italia.

Y no solo eso. También podrás postularte como candidato por ese país. Incluso podrías presentar tu candidatura a eurodiputado en Italia. Tu ciudadanía europea te permite ejercer los mismos derechos que tendrías si estuvieras en España.

Eso sí, tendrás que elegir en qué país quieres ejercer tus derechos, porque a diferencia de las elecciones municipales, aquí, en las elecciones al Parlamento Europeo solo puedes votar una vez, o postularte como candidato en un único país.

@Ángel. Y ya que estás, ¿podrías hablarme un poco más sobre las elecciones al Parlamento Europeo? Cómo se eligen l@s eurodiputad@s, ¿cuánt@s hay?

@Unión Europea. Claro, Ángel. ¡Encantada! El Parlamento Europeo es una de mis instituciones. Luego te hablaré más en extenso de ellas. Por ahora, te diré que el Parlamento Europeo es la voz del pueblo. Allí están los representantes de los ciudadanos europeos. Hay un total de 705 europarlamentari@s, que se distribuyen por países. Por ejemplo, a España le corresponden 59 eurodiputad@s. Los eurodiputad@s se eligen por sufragio universal, libre, igual, directo y secreto y se agrupan por afinidades políticas.

El Parlamento Europeo forma parte de mi estructura y es una institución que legisla, es decir, elabora las leyes. Por eso, se puede decir que los ciudadanos participan en la elaboración de las normas europeas en la medida en que sus representantes participan en el procedimiento de elaboración de esas leyes. Permitir que vosotros, los ciudadanos, eligierais a los eurodiputad@s fue el primer paso para integraros en el proceso comunitario y para democratizar mi funcionamiento, como te comentaré luego.

@Dora. Entonces, si la participación en las elecciones al Parlamento Europeo es tan importante, el porcentaje de participación de los ciudadanos será muy alto, ¿no?

@Unión Europea. Lamentablemente no es así, Dora. Los porcentajes de participación son muy bajos. Parece como si no os interesaran estas cosas, o como si no fueran con vosotros. Eso puede ser porque no termináis de entenderme, dada la complejidad de mi estructura y de mi funcionamiento. O porque pensáis que las normas que se hacen en Bruselas no os afectan. Sea como fuere, es necesario revertir ese proceso.

@Gemma. Yo estoy dispuesta a implicarme y a participar, por eso me gustaría saber qué otros derechos tenemos los ciudadanos europeos.

@Unión Europea. Por supuesto que hay más.

@Xavi. ¿Me podrías hablar de alguno de esos derechos?

#DERECHO A DIRIGIRSE A LAS INSTITUCIONES EUROPEAS

@Unión Europea. Claro, sin problema. Mira, Xavi, por ejemplo, tienes derecho a dirigirte a mí, la Unión Europea, y a cualquiera de mis instituciones (de ellas hablaremos luego) y a hacerlo en cualquiera de las lenguas oficiales. Mis instituciones y yo tenemos la obligación de contestarte y, además, de hacerlo en la misma lengua oficial que tú elijas para comunicarte con nosotros. ¿Sabías que en la Unión Europea hay 24 lenguas oficiales? Mi filosofía es mantener la individualidad de los Estados y de mis ciudadanos. Por eso mi lema es el de unidad en la diversidad. Al reconoceros este derecho también quiero aproximarme a vosotros, que me veáis cercana, accesible y sintáis que hablo vuestro propio lenguaje. ;)

@Serena. Eso me gusta y me parece muy bien. Integrarnos en ti y en tu estructura, pero sin perder nuestra identidad nacional.

@Unión Europea. Así es, Serena. Esa es la idea. Pero además del derecho anterior, mis normas también te reconocen el derecho a una buena administración. Eso quiere decir que tienes derecho a que mis instituciones y yo tratemos tus asuntos de manera imparcial, equitativa y en un plazo razonable, es decir, sin demoras excesivas.

Y también tienes derecho a que te muestre documentos oficiales, por el principio de transparencia, para que así, los ciudadanos podáis controlar y limitar el poder público que ejerzo. Solo se os puede denegar este derecho si el acceso a esos documentos compromete la seguridad pública, la defensa, la integridad, o intimidad de las personas. De hecho, si te das una vuelta por mi página web, verás que yo misma, por mi propia iniciativa, publico muchísimos documentos oficiales, de modo que estés informado y al tanto de lo que hago.

#EL DERECHO A DIRIGIRSE A LA DEFENSORA DEL PUEBLO EUROPEO

@**Alba.** ¿Y qué pasa si no te comportas así conmigo? Por ejemplo, me dirijo a ti y no me contestas, o tardas años en contestarme, o me tratas de manera injusta.

@**Unión Europea.** Pues entonces tienes el derecho de dirigirte a la Defensora del Pueblo Europeo, que es una de mis instituciones. ¿Sabías que en mi estructura hay una institución que se llama así?

@**Celia.** No, no lo sabía. Pero sé que en España hay una figura que se llama Defensor del Pueblo y que está prevista en la Constitución. A él pueden acudir los ciudadanos españoles cuando entienden que una Administración Pública española está vulnerando sus derechos porque no actúa conforme a los principios de buena administración.

@Unión Europea. Efectivamente, así es Celia. Bueno, pues la Defensora del Pueblo Europeo es una figura equivalente que vigila que yo no lesione tus derechos como ciudadano cuando actúo. Puedes dirigirte a la Defensora del Pueblo y presentar una reclamación cuando entiendas que he actuado de manera incorrecta en un asunto que te afecta. Por ejemplo, puedes denunciar los abusos de autoridad, las irregularidades administrativas, las demoras injustificadas, la denegación de acceso a documentos, violaciones de derechos fundamentales llevados a cabo por mis instituciones, como, por ejemplo, supuestos de discriminación, o trato desigual o favorable.

@Cecilio. Sí, pero no es tan frecuente que los ciudadanos europeos tratemos contigo, Unión Europea. Yo, por ejemplo, nunca me he dirigido a ti, ni he tenido ningún asunto pendiente contigo.

@Unión Europea. Digamos, Cecilio, que eso es porque mi capacidad de acción está limitada por lo que dicen los Tratados, y hay asuntos que deberás tratar con tu Estado y no conmigo. Pero eso no implica que no haya determinados asuntos que afectan a ciudadanos como tú y que dependen de lo que yo resuelva. Por ejemplo, imagina que has acabado tus estudios y que quieres trabajar para mí, la Unión Europea. Para eso te presentas a un proceso de selección de personal que he convocado yo. Parecido a lo que ocurre cuando te presentas a una plaza de funcionario para trabajar para una Administración española. Bueno, pues si quieres trabajar para mí y te presentas a ese proceso, ya estás entablando relaciones conmigo. Y en el curso de esas relaciones jurídicas, puedes tener que dirigirme escritos que yo tendré que atender y contestar a tiempo y tendré que respetar tu derecho a una buena administración y a un trato igualitario y no discriminatorio. Si en el curso de ese proceso de selección no estás de acuerdo con lo que te digo, o piensas que mi actuación ha lesionado alguno de tus derechos, puedes dirigirte a la Defensora del Pueblo Europeo.

Otros supuestos en los que hay una relación directa entre vosotros, los ciudadanos y yo se da en el caso de las empresas, o contratistas. Como mi envergadura institucional es enorme, muy frecuentemente necesito recurrir a las empresas para que me proporcionen bienes, o servicios, o para que realicen para mí determinadas actividades. Por ejemplo, piensa la cantidad de traductores o intérpretes que necesito. La cantidad de mobiliario, equipos informáticos, y todo tipo de material. Bueno pues, como estoy manejando dinero público, no puedo decidir libremente con quién contrato, sino que he de iniciar unos procedimientos de selección de contratistas, eligiendo a aquellos que vayan a darme un mejor servicio. Así, muchas personas y empresas se pondrán en contacto y se relacionarán conmigo. Imagina también el Programa Erasmus+, en el que ofrezco ayudas y subvenciones para realizar todo tipo de acciones relacionadas con la educación.

Lo que quiero que entiendas con todo esto es que los ciudadanos como tú, se relacionan conmigo más de lo que piensas, y que mis decisiones les afectan directamente. Por eso no es tan infrecuente que estos ciudadanos, sean particulares, o titulares de empresas, puedan acudir a la Defensora del Pueblo cuando entienden que he actuado de forma incorrecta respecto a ellos.

@**Celeste.** ¿Y cómo puedo dirigirme a la Defensora del Pueblo?

@Unión Europea. Pues, puedes dirigirte a través de una simple carta dirigida a ella. Esta es su dirección postal:

Médiateur européen
1 avenue du Président Robert Schuman
CS 30403
F-67001 Strasbourg Cedex

Tel.: +33 3 88 17 23 13

Pero para que comunicarte con la Defensora del Pueblo sea más fácil y rápido, este organismo facilita un formulario de reclamación que podrás rellenar y enviar directamente a través de su página web. Para ello tendrás que regístrate primero, y una vez hecho esto y cumplimentado el impreso, la oficina de la Defensora del Pueblo te hará llegar el acuse de recibo a través del correo electrónico.

Mira, te dejo aquí el enlace a la página web:

https://www.ombudsman.europa.eu/es/contacts

@Miriam. ¿Y quién es el Defensor del Pueblo en este momento?

@Unión Europea. Desde 2013 es Emily O'Reilly. Fue elegida por el Parlamento Europeo y su mandato dura 5 años, coincidiendo con el período de duración de la legislatura.

@Juan Antonio. ¿Y qué ocurre cuando la Defensora del Pueblo detecta que ha habido un supuesto de mala administración? ¿Qué hace?

@Unión Europea. Si tras investigar tu reclamación, entiende que tienes razón y que alguna de mis instituciones ha actuado de forma irregular, entonces emite recomendaciones o sugerencias que remite a esa institución para que corrija su actuación.

Por ejemplo, imagina que la Comisión ha otorgado un contrato, o una plaza de funcionario a una persona o empresa discriminándote en el proceso. Entonces la Defensora del Pueblo se dirigirá a la Comisión recomendándole que deje de actuar así. La Defensora del Pueblo no está dotada de potestades para obligar a la Comisión a cambiar su comportamiento, ya que solo puede emitir recomendaciones y sugerencias. Pero sí puede elaborar un informe que presentará anualmente ante el Parlamento, donde hará constar que la Comisión ha actuado de manera irregular. Es como una especie de tirón de orejas a la Comisión.

Pero, si a pesar de la intervención de la Defensora del Pueblo tus derechos se han visto lesionados, entonces tendrás que acudir a mi Tribunal General para obtener/reclamar/solicitar la tutela judicial efectiva.

#DERECHO DE PETICIÓN AL PARLAMENTO EUROPEO

@Agustín. Antes has dicho que los Estados se han comprometido a acatar las decisiones y normas que tú dictas cuando actúas dentro de los límites de los Tratados. ¿Y qué pasa cuando son las autoridades nacionales, es decir, las españolas, por ejemplo, son las que no aplican correctamente las leyes que tú dictas y eso me perjudica?

@Unión Europea. Bueno, eso es una cuestión compleja de resolver. Ya sabes que la Constitución española nos reconoce un derecho a la tutela judicial efectiva. Eso quiere decir que tienes derecho a que un juez examine tu caso cuando una Administración española haya adoptado una decisión que a ti no te parece legalmente correcta.

Pero, a parte de esa vía judicial que siempre tienes abierta, existe también un mecanismo para que yo, la Unión Europea, supervise lo que está haciendo ese Estado y compruebe si está aplicando mis normas correctamente. Es el derecho de petición, que se dirige en este caso al Parlamento Europeo. Debes saber, no obstante, que este derecho de petición solo lo puedes ejercer cuando el Estado está incumpliendo una norma europea que yo he dictado dentro de los límites de los Tratados, es decir, en una materia que esté dentro de mi ámbito de actividad y competencia.

@Simón. ¿Y cuáles son esas materias de tu competencia?

@Unión Europea. Pues son muy variadas. Mira, estas son algunos de los asuntos en que los ciudadanos habéis hecho uso del derecho de petición:

— Cuando algún Estado ha vulnerado alguno de los derechos que os reconocen los Tratados. Por ejemplo, imagina que me voy a Holanda y allí no me dejan votar en las elecciones locales.
— Cuando los Estados han desoído mis normas sobre medio ambiente, o sobre protección de los consumidores.
— También la falta de reconocimiento de cualificaciones profesionales.

@Samuel. ¿Podrías ponerme algún otro ejemplo para que lo entienda mejor?

@Unión Europea. ¡Claro! Además, en España tenemos uno muy reciente. Te suena el Parque Natural de Doñana, ¿verdad?

Bien pues, un ciudadano español que entendía que no se estaba respetando la legislación europea sobre medio ambiente hizo uso, en el año 2009, de ese derecho de petición y se dirigió al Parlamento Europeo denunciando que el Estado español estaba incumpliendo normas europeas, causando así graves perjuicios al Parque Natural y a su entorno. Una delegación del Parlamento se desplazó al Parque Natural de Doñana para comprobar estos hechos, y tras decidir que efectivamente el ciudadano español tenía razón y que el Estado español estaba incumpliendo la regulación europea que protege a estos espacios, inició las medidas para solventar esta situación.

@Juan Carlos. ¿Y qué puede hacer el Parlamento Europeo en estos casos?

@Unión Europea. Pues normalmente el Parlamento se pone en contacto con la Comisión para que le amplíe información y para ponerla al corriente de la petición planteada. La Comisión debe ponerse en contacto con el Estado incumplidor, e incluso iniciar un procedimiento de infracción dirigido a que ese Estado cumpla el Derecho europeo. Esto es lo que sucedió en el caso del Parque Nacional de Doñana, donde la Comisión intentó convencer al Estado español para que cumpliera las normas ambientales y protegiera este espacio. La reticencia del Estado español a seguir las indicaciones de la Comisión motivó que esta tuviera que recurrir al Tribunal de Justicia, que a través de un sistema de multas obligó finalmente a España a aplicar la norma europea.

@Sandra. ¡Guau! ¿Y todo eso fue posible gracias a la petición presentada por un ciudadano español?

@Unión Europea. Así es Sandra. No hay que subestimar el poder que tiene la ciudadanía. Aquí tenemos un ejemplo claro.

@Remedios. Yo he oído hablar de un caso que ocurrió en 1997, en el que una ciudadana francesa tuvo que hacer uso del derecho de petición porque las autoridades belgas no le dejaban conducir en el país porque su permiso de conducir estaba expedido en Francia.

@Unión Europea. Sí, así fue. Existe una norma europea que obliga a los Estados miembros a reconocer de manera mutua e incondicional los permisos de conducir expedidos en otros Estados miembros. Así, en vista de que el Estado belga estaba incumpliendo una norma europea, la ciudadana francesa hizo muy bien en hacer uso del derecho de petición ante el Parlamento Europeo. Este lo puso en conocimiento de la Comisión, quien se puso en contacto con las autoridades belgas, que reconocieron la validez del permiso de circulación solucionando el problema de la ciudadana francesa y de cualquier otro ciudadano que en el futuro pudiera tener un problema similar.

@Ricardo. ¿Y cómo podemos ejercer ese derecho de petición?

@Unión Europea. Pues, muy fácil. Como en el caso del Defensor del Pueblo, puedes hacerlo escribiendo una carta a la Comisión de Peticiones del Parlamento, o bien a través de la página web. Este es el enlace de la página:

https://www.europarl.europa.eu/petitions/es/home

#DERECHO A LA PROTECCIÓN DIPLOMÁTICA Y CONSULAR

@Yolanda. ¿Y hay algún otro derecho que tu creas que deba conocer y que me pueda ser útil en el futuro?

@Unión Europea. Pues mira, Yolanda, existe el derecho a la protección diplomática y consular en terceros países. Es un derecho que muy poca gente conoce.

@Selene. ¿Me lo explicas?

@Unión Europea. ¡Claro! Lo voy a hacer con un ejemplo. Imagínate que viajas a Timor Oriental, un país donde España no tiene representación diplomática, es decir, que no hay embajada ni consulado español. ¿Qué ocurriría si, por ejemplo, tuvieras un problema con la justicia, o enfermaras gravemente? En estos casos, podrías solicitar la protección de cualquier embajada o consulado de un Estado comunitario que sí tuviera representación diplomática en Timor. Este es un derecho que podrías invocar frente a cualquier Estado comunitario.

@Sancho. ¿Y por qué ocurre esto?

@Unión Europea. Pues esto es una muestra de buena voluntad de mis Estados miembros que están dispuestos a cooperar entre ellos para proporcionaros a vosotros, los ciudadanos, una protección en terceros países que yo, por el momento no puedo daros.

@Tina. Pues esa es una información muy relevante que todos deberíamos conocer, ¿no?

¿Y qué ocurre si pierdo mi pasaporte en ese país, Timor Oriental? ¿También me ayudarán los diplomáticos de otro país europeo?

#EL DOCUMENTO PROVISIONAL DE VIAJE

@Unión Europea. Para esos casos, Tina, se ha previsto el Documento Provisional de Viaje. Cualquier Estado miembro con representación diplomática en Timor podría expedirlo en caso de robo, pérdida, o extravío. Para solicitarlo no hace falta ser nacional de este Estado. Se expide con validez únicamente para el viaje de vuelta al país de origen.

@Pili. Y si ese Estado miembro no me lo quisiera expedir, podría ejercer mi derecho de petición ante el Parlamento Europeo porque dicho Estado habría incumplido tu legislación y estaría vulnerando uno de mis derechos, ¿no es así?

@Unión Europea. Perfectamente entendido, Pili. ¡Enhorabuena!

CÓMO FUNCIONA
LA UNIÓN EUROPEA

@Raúl. Entonces, ¿quién manda en la Unión Europea?

@Unión Europea. Estimado Raúl, has hecho una muy buena pregunta dificilísima de responder. De momento te diré cómo estoy compuesta, y luego te iré explicando más cosas para que no te pierdas en la explicación.

Mira, yo siempre digo que soy un Tres en Uno. ¿Has oído hablar de este producto que anuncian por la tele? Pues yo soy igual. Soy Tres en Uno porque soy una organización compleja, que está compuesta por los Estados miembros, sus ciudadanos y yo misma y los intereses comunitarios que represento. Ya sabes que los Estados cuando me crearon me dieron vida independiente de ellos y capacidad de decisión propia. Soy un ente derivado, pero independiente y diferenciado de los Estados que me crean con mi personalidad jurídica e intereses propios que son los intereses comunitarios.

Así que no soy una suma de Estados, sino que tengo personalidad propia y diferenciada de los Estados que me conforman. Soy una organización de integración, donde los Estados y los ciudadanos están incluidos en mis instituciones. Eso quiere decir que cuando me crean, los Estados no desaparecen, sino que pasan a formar parte de mi estructura.

Mi organización y gobierno se rigen por el principio de democracia, de forma que las decisiones que yo, la Unión Europea, adopto, son decisiones consensuadas donde se toman en consideración los intereses de los Estados, de los ciudadanos y los míos propios. Mis decisiones se adoptan siguiendo la regla de las mayorías y se enfocan a conseguir el interés comunitario, es decir, el interés común de todos los sujetos implicados. Mira, es como una partida de billar a tres bandas, donde se tienen que conciliar los intereses de los tres agentes en juego: ciudanía, Estados y el interés comunitario que yo represento. Los procedimientos de adopción de acuerdos garantizan la participación de todos los sujetos implicados, para que todos nosotros y los intereses que representamos puedan ser oídos y tomados en consideración antes de adoptar la decisión final.

@**Lucía.** Eso es muy difícil de entender. ¿Podrías ponernos un ejemplo?

@**Unión Europea.** Claro, Lucía. Mira, te voy a hablar de la crisis económica que tuvo lugar hace unos años, en 2008. Se adoptaron una serie de decisiones comunitarias que fueron ciertamente impopulares y que conllevaron que se rebajara el sueldo a los funcionarios, que se incrementara la edad de jubilación, y otros recortes a la economía. Estas medidas no gustaban a los ciudadanos, y tampoco los Estados estaban totalmente de acuerdo con ellas, porque sus gobiernos no querían aplicar unas medidas que les iban a restar votos en las siguientes elecciones. Sin embargo, se adoptaron esas medidas restrictivas porque se consideró que eran convenientes para mantener saneada la economía de los países y para la viabilidad del euro. Se impuso el interés comunitario, el interés común al adoptar esas medidas. Y ello se consiguió aplicando las reglas de las mayorías.

@ **Juanjo.** Yo no he entendido muy bien eso de que eres un ente complejo formado por distintos sujetos. ¿Puedes explicarlo otra vez?

@**Unión Europea.** Claro, Juanjo. Desde luego. Yo me organizo de tal manera que estoy formada por tres sujetos diferentes: los Estados, los ciudadanos y yo, misma, la Unión Europea, con mi personalidad jurídica y mis intereses diferenciados de los Estados y los ciudadanos. Yo represento el interés comunitario, o el interés común de todos los sujetos implicados y trato de que en las decisiones y normas que se adoptan prevalezcan siempre ese interés común.

#INSTITUCIONES DE LA UNIÓN EUROPEA

@**Pascual.** ¿Pero, donde están los Estados, o los ciudadanos en tu organización y en tu estructura?

@**Unión Europea.** Sí, Pascual, para responder a esta pregunta te diré que yo, la Unión Europea, me organizo a través de unas estructuras burocráticas que se llaman instituciones. Tú como persona física tienes unos órganos internos, cada uno de los cuales tiene una función determinada: los pulmones te permiten respirar, el corazón bombea sangre, tu aparato digestivo te permite procesar los alimentos que ingieres… Bien, pues en el caso de las personas jurídicas, también necesitamos una organización interna para cumplir con nuestros cometidos. Por ejemplo, el Estado tiene una serie de órganos constitucionales, como el Parlamento, que aprueba las leyes, el Gobierno, que las ejecuta y los Jueces que las aplican.

En mi caso, mi estructura interna se organiza a través de las instituciones europeas. Son 7 y quizás hayas oído hablar de algunas. Te las enumero, a ver si te resultan familiares:

— El Parlamento Europeo.
— La Comisión Europea.
— El Consejo de la Unión Europea.
— El Consejo Europeo.
— El Tribunal de Justicia de la Unión Europea.
— El Banco Central Europeo.
— El Tribunal de Cuentas.

¿A que hay más de una que te suenan?

#EL PARLAMENTO EUROPEO

@**Julio.** Sí, ¿pero que tiene eso que ver con los ciudadanos y los Estados que se integran en tu seno?

@**Unión Europea.** Te lo explico, Julio. Como ya te he dicho, soy una organización internacional de integración, lo que quiere decir que los Estados y los ciudadanos se integran y forman parte de mi organización. Esa integración se produce a través de las instituciones de las que te he hablado antes, y es posible a través del principio de democracia representativa.

Mira, los ciudadanos formáis parte del Parlamento Europeo. Vosotros y vuestros intereses se encuentran representados en el Parlamento Europeo. Pero como soy muchos ciudadanos, no todos podéis formar parte de él. El Parlamento Europeo está formado por 705 eurodiputad@s, de forma que hay que elegir a unos pocos que representen a los más de 447 millones de ciudadanos europeos. Esas elecciones se celebran cada 5 años, y en ellas las personas mayores de edad tienen oportunidad de votar a sus representantes en el Parlamento. ¿Recuerdas que antes hemos hablado de esto?

@Julia. Ya veo. Es lo mismo que sucede con el Congreso de los Diputados, donde estamos representados los españoles a través de un sistema de democracia representativa.

@Unión Europea. Así es. Correcto, Julia. Y este es el Parlamento.

#EL CONSEJO DE LA UNIÓN EUROPEA

@Rebeca. ¿Y qué pasa con los Estados? ¿En qué institución se encuentran representados?

@Unión Europea. Los Estados miembros y sus intereses están representados en el Consejo de la Unión Europea. Aquí también se aplica el principio de democracia representativa. Para ello, cada Estado envía a un ministro, o cargo de rango equivalente que tenga capacidad de votar y comprometer a su país en las decisiones que se adopten. Lo que pasa es que no siempre va el mismo ministro. Depende de los asuntos que se traten. Si se tratan asuntos relacionados con la agricultura irá el ministro de agricultura de cada Estado; si se tratan asuntos relativos al medio ambiente, irá el ministro de medio ambiente de cada uno de los 27 Estados miembros... y así hasta 10 formaciones diferentes.

#EL CONSEJO EUROPEO

@Inma. Yo he oído en la tele que algunas veces Pedro Sánchez también va a Bruselas y se reúne con otros presidentes.

@Unión Europea. En efecto Inma. L@s ministr@s de cada país trabajan a las órdenes del Jefe de Estado o de Gobierno, por eso hay también una institución en mi seno donde se reúnen esos mandamases para adoptar las directrices y orientaciones que luego seguirán los ministr@s. Esa institución es el Consejo Europeo, y las reuniones que celebra se llaman cumbres europeas, porque a ellas acuden los líderes de cada uno de los países. Son, por tanto, reuniones al más alto nivel.

¡Ojo, que no hay que confundir el Consejo Europeo con el Consejo de la Unión Europea! Te pongo un ejemplo, imagina que mis Estados miembros quieren priorizar la protección del medio ambiente y quieren que yo adopte leyes sobre medio ambiente que lo protejan. Para ello, los Jefes de Estado y/o de Gobierno de todos los países se reunirán en un Consejo Europeo, o cumbre europea y acordarán que el medio ambiente sea una de mis prioridades. A esta reunión irá Pedro Sánchez, jefe del Gobierno en España.

Una vez acordadas las prioridades, tendrán que adoptarse las decisiones y las leyes que protejan el medio ambiente. Para ello tendrá que intervenir el Consejo de la Unión Europea, donde van l@s ministr@s en representación de los Estados. Aquí irá Teresa Rivera, en representación del Estado español, que defenderá los intereses de nuestro Estado cuando se vayan a aprobar leyes medioambientales.

#LA COMISIÓN EUROPEA

@Gloria. ¿Y en qué institución te encuentras tú representada, Unión Europea? ¿Cuál es la institución que defiende los intereses comunitarios?

@Unión Europea. Muchas gracias, Gloria, por acordarte de mí. Los intereses comunitarios, esto es, el interés común de todos los socios (Estados) y de sus ciudadanos están residenciados en la Comisión Europea. ¿Te acuerdas de que antes hemos hablado de que soy como una comunidad de vecinos? Bueno, pues la administradora de esa comunidad de vecinos es la Comisión Europea. Ella es la encargada de defender esos intereses comunes. La Comisión Europea está compuesta de 27 comisari@s, uno por cada país, y uno de ellos hace las funciones de presidente de la Comisión. Quizá conozcas a la presidenta de la Comisión, Úrsula von der Leyen.

@Joaquín. Entonces, si hay 27 comisari@s, uno por cada país, ¿quiere decir que en la Comisión también están representados los Estados?

@Unión Europea. No, Joaquín. L@s comisari@s no representan a los Estados miembros. Representan el interés comunitario. El hecho de que haya uno por cada Estado no significa que esté ahí en representación de su país. De hecho, para ser elegido comisari@ europe@ hay que reunir ciertos requisitos de independencia e imparcialidad, de forma que l@s comisari@s no tenga intereses personales, o particulares que pudieran condicionar sus decisiones. De comprobar esto se encarga el Parlamento, que entrevista a cada uno de l@s comisari@s antes de ser elegidos para el cargo y se asegura de que reúnan estas características.

@Julia. ¿Cuál es el comisario español en estos momentos?

@Unión Europea. Bien traído, Julia. ¿Te suena el nombre de Josep Borrell? Él es el Alto Representante de la Unión Europea en Asuntos Exteriores. Es como una especie de diplomático de la Unión Europea. De hecho, es el jefe de la diplomacia europea. Él se encarga de las relaciones diplomáticas con otros Estados no comunitarios, o con otras organizaciones internacionales.

Bueno, pues el Alto Representante es al mismo tiempo vicepresidente de la Comisión Europea, de modo que ahí tienes al comisario español.

#¿QUIÉN MANDA EN LA UNIÓN EUROPEA?

@Serafina. Sí, pero ¿quién manda, la Comisión, el Consejo de la Unión Europea, el Consejo Europeo, el Parlamento?

@Unión Europea. Mi querida Serafina, en un sistema democrático no manda nadie y mandan todas las instituciones. Quiero decir que hay un reparto de poder, de forma que ninguna institución lo concentre en exceso. ¿Has oído hablar del principio de división de poderes? Bueno, pues, como ya te he dicho, mi organización y estructura se basa en el principio democrático, de modo que el principio de división de poderes también está muy presente en mi funcionamiento. Así, el poder que me han dado los Estados se ha dividido entre mis instituciones, de forma que ninguna de ellas tenga la última palabra y las decisiones se adopten a través de procesos democráticos y aplicando la regla de las mayorías. Con ello se trata también de conseguir un equilibrio de poderes entre los Estados, los ciudadanos y yo misma.

@Anabel. Entonces, ¿cuándo se aprueba una norma?, ¿cuál es el papel de cada una de las instituciones?

@Unión Europea. Mira, Anabel, las decisiones que se adoptan en mi seno, y que se me atribuyen a mí, Unión Europea, son normalmente normas. Normas europeas. Después hablaremos un poco más en profundidad de ellas, pero ya te adelanto que son normas que se aplican en tu país y que crean derechos y obligaciones para los ciudadanos. También para ti. Esas leyes se adoptan siguiendo un procedimiento que implica la participación de tres instituciones: el Parlamento, la Comisión y el Consejo. A estas tres instituciones se le llama el triángulo institucional. Como sabes, en estas instituciones están integrados los Estados (representados en el Consejo), los ciudadanos (representados en el Parlamento) y yo misma (actuando a través de la Comisión Europea). Una partida de billar a tres bandas basada en el principio de división de poderes, donde cada uno tiene una función que cumplir, de forma que la decisión final que se adopte sea una decisión integradora donde se hayan ponderado todos los intereses para adoptar después la decisión, o norma que más beneficie a todos.

¿Entiendes ahora lo del Tres en Uno?

@**Melisa.** Sí, ya lo tengo más claro. ¿Y qué hay de tus otras instituciones? Hasta ahora nos has hablado solo de tres: el Parlamento, el Consejo y el Consejo Europeo.

@**Unión Europea.** Así es. Mira de algunas ya te he hablado, o te hablaré en las páginas siguientes. Por ejemplo, ya te he contado cosas de la Defensora del Pueblo. Del Tribunal de Justicia te hablaré más adelante, aunque ahora sí te comentaré que es una institución judicial que interpreta y aplica mis normas.

El Banco Central Europeo es imprescindible para la existencia del euro y ha tenido también un papel fundamental en la Unión Bancaria. Y el Tribunal de Cuentas supervisa mis ingresos y gastos para garantizar que hago una buena gestión de los fondos públicos de que dispongo.

#¿CÓMO SE APRUEBAN LAS LEYES
EN LA UNIÓN EUROPEA?

@**Lucas.** ¿Y cómo se aprueban tus leyes, Unión Europea? ¿Qué hace cada una de esas instituciones cuando se aprueban tus leyes?

@**Unión Europea.** Te lo explico encantada. Para la aprobación de normas comunitarias se sigue un procedimiento que trata de conjugar todos los intereses en juego para adoptar la decisión que sea más beneficiosa para el conjunto.

Fíjate, en un procedimiento legislativo, la Comisión Europea tiene la función de proponer las leyes. Tiene la iniciativa legislativa. Como depositaria del interés comunitario, se supone que sabe qué normas deben ser aprobadas en cada momento para conseguir la satisfacción de ese interés común. Pero, ojo, porque la Comisión tiene la iniciativa de proponer leyes, pero no puede aprobarlas. Es una forma de limitar su poder, tal y como hemos hablado.

La capacidad para aprobar las leyes europeas corresponde a las otras dos instituciones del triángulo institucional, es decir, al Consejo y al Parlamento Europeo. Así que, cuando la Comisión tiene claro que debe aprobarse una determinada ley, sobre medio ambiente, por ejemplo, se dirige a las otras dos instituciones (Consejo y Parlamento) y les presenta una propuesta normativa para que inicien la tramitación del proyecto legislativo. Esto se realiza normalmente a través del llamado procedimiento legislativo ordinario.

@**Alberto.** ¿Y qué es el procedimiento ordinario?

@**Unión Europea.** En el procedimiento ordinario el Parlamento, eso es, los ciudadanos a través de sus representantes, y el Consejo, es decir, los Estados, son colegisladores, lo que quiere decir que ambos tienen el mismo poder de decisión y tendrán que negociar hasta alcanzar una norma que satisfaga a ambos.

@**Belén.** ¿Quiere eso decir que se da la misma capacidad a los ciudadanos que a los Estados en el procedimiento legislativo?

@**Unión Europea.** Sí, eso es Belén. Una gran observación. Y esto es muy importante porque no ha sido siempre así. En principio, los Estados eran los que atesoraban esa capacidad legislativa. Pero a medida que yo, la Unión Europea, me hago fuerte y voy teniendo más poder, también tengo una mayor presencia en la vida de los ciudadanos influyendo y condicionando su día a día con mis normas. En ese momento, los Estados, y yo misma nos damos cuenta de que si queremos que esta aventura europea continúe y se consolide, necesitamos implicar de alguna manera a los ciudadanos e integrarlos en mis instituciones. Eso quiere decir, legitimarme yo y mis normas ante ellos, es decir, obtener el respaldo de los ciudadanos. Porque, ¿quién acataría de buen grado una norma en cuya elaboración no ha tenido participación a través de sus representantes, o en la que no haya tenido capacidad de decisión? Como sabes, yo me rijo por el principio democrático, pero la imposición unilateral de normas es más propia de regímenes autoritarios. Había que solventar este problema cuanto antes.

@Rocío. ¿Y en qué fecha quedó solventado este problema?

@Unión Europea. En 1979 se celebran las primeras elecciones democráticas al Parlamento Europeo. Eso quiere decir que a partir de esta fecha a l@s eurodiputad@s ya no los van a elegir los Estados, sino los ciudadanos a través de un proceso electoral celebrado cada cinco años. De esta manera se integraba a los ciudadanos en mi estructura institucional a través de sus representantes. Esto constituyó un claro intento de democratizar todavía más mi funcionamiento. Pero, en esta fecha el Parlamento no era colegislador, sino que su papel en el procedimiento de aprobación de normas europeas era muy limitado. Será en 1992, con el Tratado de Maastricht cuando se dé al Parlamento un protagonismo similar al del Consejo en la aprobación de normas, de forma que ambos se conviertan en colegisladores, conforme al principio de «tanto monta, monta tanto Isabel como Fernando». La participación de los ciudadanos en el proceso legislativo se produce, por tanto, en pie de igualdad con los Estados y a lo largo de los años, cada vez más normas se aprobarán conforme a este procedimiento ordinario. En la actualidad, puede decirse que casi un 85% de las normas europeas se aprueban así.

@Lola. ¿Podrías ponerme un ejemplo de una norma que se haya aprobado conforme a este procedimiento?

@Unión Europea. Claro, Lola. ¡Hay tantas! Por ejemplo, hay una norma comunitaria sobre las bolsas de plástico que pretende proteger el medio ambiente. Así, a partir del 1 de enero de 2021, los comerciantes no pueden entregar bolsas de plástico a los consumidores, a no ser que sean de plástico compostable y reciclado. Así, si vas al supermercado, te darán una bolsa de estas características, y además tendrán que cobrarte por ella. Esta norma se aprobó conforme al procedimiento que te he contado. La propuso la Comisión y la aprobó el Consejo (esto es, los Estados) y el Parlamento (los ciudadanos) después de una negociación entre ellos, donde ambos introdujeron modificaciones o enmiendas a la propuesta que presentó la Comisión. El resultado final de ese proceso dio lugar a una Directiva que se me imputa a mí, como organización que integra a los ciudadanos, a los Estados y a los intereses comunitarios presentes en la Comisión. De forma que para referirse a esta norma se dirá que es una Directiva de la Unión Europea, es decir, aprobada por mí.

@Sabina. Pero, para que se apruebe esa norma, ¿es necesario que todos estén de acuerdo, es decir, que todos los

Estados voten a favor, y que tod@s l@s eurodiputad@s estén de acuerdo?

@Unión Europea. No, Sabina. Así sería casi imposible adoptar decisiones. Ya te he dicho que la Unión Europea funciona y se organiza conforme al principio democrático. En un sistema democrático las decisiones no se adoptan por unanimidad, sino por mayoría, de forma que la decisión final sea aquella respaldada por un mayor porcentaje de votos. Mira, la mayoría de las normas europeas se aprueban por mayoría cualificada en el Consejo y mayoría simple en el Parlamento. Hace falta, como hemos dicho, la conformidad de ambas instituciones para que la norma se apruebe.

@Sandra. ¿Qué significa mayoría cualificada en el Consejo de la Unión Europea?

@Unión Europea. Hola, Sandra. La mayoría cualificada es una mayoría especial. Ya sabrás qué es la mayoría simple: la mitad más uno de los votos emitidos. Es decir, basta con que estén a favor de una medida la mitad más uno de los votantes para que haya mayoría de votos y la norma se apruebe. Así se adoptan normalmente las decisiones en el Parlamento Europeo. Basta con que haya un solo voto más a favor de una propuesta para que sea esta la que se adopte. Esta es, ciertamente una mayoría muy fácil de alcanzar, pues se consigue con el 50% de los votos, más uno, que es el que hace la diferencia.

La mayoría cualifica es una mayoría más acentuada. Es decir, no basta con que haya un solo voto de diferencia, sino que debe de haber más. En el Consejo, donde están representados los Estados, se necesita normalmente de una mayoría cualificada para adoptar decisiones.

Según esa mayoría, para adoptar una decisión deben votar a favor de ella el 55% de los Estados. Y además, esos Estados que votan a favor, deberán representar el 65% de la población de mi territorio. Así, por ejemplo, en el caso de la norma sobre las bolsas de plástico, esa norma solo llegará a aprobarse si el 55% de los Estados están de acuerdo, pero además deben reunir otro requisito, y es que representen a un porcentaje elevado de población (un 65%). Eso garantiza que el interés común que se busca con mis decisiones sea el interés de la mayoría. Los Estados quieren asegurarse de que las normas y decisiones no se adopten por un margen de diferencia muy ajustado que no justifique el sacrificio o el esfuerzo que tienen que hacer algunos Estados para cumplir las decisiones comunitarias en el caso de haber votado en contra.

@Mireya. Entonces, ¿si se alcanza esa mayoría cualificada del Consejo de la Unión ya se puede aprobar la norma comunitaria?

@Unión Europea. No, Mireya. Conforme al procedimiento ordinario hará falta obtener también el voto favorable de la mayoría del Parlamento Europeo para que una norma quede aprobada. ¡Y ahí es donde entráis en juego vosotros a través de vuestros representantes!

@Roberto. ¿Y los mandamases? Me refiero a los Jefes de Estado o de Gobierno que forman parte del Consejo Europeo ¿Ellos no participan en la elaboración de normas?

@Unión Europea. No, Roberto. El Consejo Europeo no tiene capacidad legislativa. Pedro Sánchez y los demás

Jefes de Estado o de Gobierno del resto de los países no participan en el procedimiento de elaboración de normas. Ya he dicho que ellos se reúnen para decidir qué es lo importante y en qué materias se deben aprobar las normas, pero dejan que sea el Consejo con l@s ministr@s a la cabeza y el Parlamento quienes se encarguen de aprobarlas. Por eso al Consejo se le llama también Consejo de Ministr@s, porque está integrado por l@s ministr@s de los países miembros.

@Silvia. Oye, Unión Europea, y esa división de poderes de que hablas, ¿es total? Es que me llama la atención que los Estados que son los que te crean no quieran mantener alguna prerrogativa o algún privilegio sobre los ciudadanos, o sobre los intereses comunitarios. Al fin y al cabo, son los Estados los que te crean y te dotan de poder, ¿no? ¿No les da eso cierta ventaja?

@Unión Europea. Tienes una mente muy viva, Silvia ☺, pues lo cierto es que algo de verdad hay en lo que dices. Los Estados son los señores de los Tratados y de la Unión Europea. A veces la balanza se inclina del lado de los Estados. Por ejemplo, os he hablado del procedimiento legislativo ordinario y os he dicho que normalmente el Consejo, donde están representados los Estados, y el Parlamento, donde están representados los ciudadanos, tienen el mismo peso. Sin embargo, en determinadas cuestiones que los Estados consideran sensibles, los actos legislativos se adoptan en base a un procedimiento especial en el que el peso legislativo recae sobre el Consejo y el Parlamento ostenta funciones mucho más discretas, de consulta o dictamen.

Igualmente, aunque la Comisión puede proponer leyes, los Estados pueden desvirtuar sus propuestas en el curso del procedimiento legislativo posterior, haciendo modificaciones a las mismas que las dejen irreconocibles. Se puede decir así, que la Comisión propone y el Consejo (los Estados) disponen.

Además, hay que tener en cuenta que los Estados son quienes marcan el rumbo de la Unión Europea a través de las cumbres europeas, o Consejos Europeos que se celebran periódicamente.

Los Estados también tienen garantizada la hegemonía en los procesos de integración de nuevos países en mi estructura, puesto que es el Consejo quien autoriza la apertura de negociaciones, aprueba las directrices de negociación, autoriza la firma y celebra los tratados de integración.

@Jaqueline. Pero ¿no es eso jugar con ventaja?

@Unión Europea. Mira, Jaqueline, a pesar de la cesión de soberanía que la integración europea supone para los Estados miembros, estos no sueltan íntegramente las riendas del poder, sino que permanecen alerta en las instituciones comunitarias, condicionando el contenido de cualquier decisión adoptada en ejercicio de mis competencias.

Esto quiere decir, querida Silvia, que los Estados miembros se diluyen en mi estructura y organización y quedan integrados en ella. Sin embargo, en el proceso de toma de decisiones no pierden su sustantividad y se mantienen alerta y vigilantes para que las decisiones que se adopten en mi nombre, en razón del interés común, menoscaben lo menos posible sus intereses como Estados individuales.

#LA INICIATIVA CIUDADANA EUROPEA

@Sabrina. ¿Y yo puedo participar directamente en la elaboración de normas? ¿O solo puedo hacerlo a través de mis representantes en el Parlamento Europeo?

@Unión Europea. Sí, claro que sí. Antes te he hablado de cómo el apoyo de los ciudadanos es muy importante para mí. Hace ya muchos años que me di cuenta de que si quiero sobrevivir tengo que tener vuestro respaldo y aceptación. Cada vez tengo más capacidad de decisión y de influir en vuestras vidas, por eso quiero que vosotros los ciudadanos participéis en el proceso de creación de las normas y os sintáis implicados.

@Sancho. ¿Y cómo podemos participar directamente en la elaboración de normas?

@Unión Europea. A través de la iniciativa ciudadana europea. Es un derecho que os dan los Tratados. Este derecho os permite dirigiros a la Comisión para pedirle que proponga una determinada norma a las instituciones que pueden legislar. ¿Te acuerdas cuáles son?

@Luz. Sí, el Parlamento y el Consejo de la Unión Europea.

@Unión Europea. Muy bien, Luz.

@Sancho. Entonces, ¿eso quiere decir que yo puedo decirle a la Comisión Europea qué normas debe proponer?

@Unión Europea. Bueno, tú y 999.9999 ciudadanos más. Quiero decir que, para ejercer la iniciativa ciudadana europea, lo primero que se necesita es reunir 1.000.000 de firmas de los ciudadanos europeos.

@Leonor. ¿1.000.000 de firmas? ¡Pero eso es muchísimo!

@Unión Europea. Bueno, Leonor. No son tantas. Piensa que hay 447.000 millones de personas viviendo en Europa en este momento, la mayoría de los cuales tienen la ciudadanía europea. ¡No es tan difícil reunir ese millón de firmas! Lo que pasa es que hay otro requisito, y es que ese millón de personas que firman la iniciativa legislativa tiene que pertenecer al menos a 7 países comunitarios diferentes. Esto se hace así para asegurar que la propuesta busca el interés comunitario, no el interés de los ciudadanos de un solo país europeo.

@Rosario. ¿Y quién se encarga de reunir ese millón de firmas?

@Unión Europea. Pues los propios ciudadanos que promueven la iniciativa, Rosario. Mira, para eso se forma una especie de comisión gestora, compuesta por 7 ciudadanos de 7 países miembros. Ellos son los promotores de la iniciativa y se encargan de dar publicidad a su propuesta y de pedir a los ciudadanos su apoyo para completar el millón de firmas. Para ello se ha creado una página web, donde existe una plataforma desde la que puedes crear una nueva iniciativa ciudadana, o adherirte a una iniciativa ya existente. Mira, te dejo aquí el enlace a esa página web:

https://europa.eu/citizens-initiative/_es

@Chelo. Acabo de entrar en esta página web y no parece nada difícil apoyar una de esas iniciativas. Solo tienes que proporcionar tus datos personales, DNI y correo electrónico.

@Unión Europea. Así es, Chelo. El proceso es muy sencillo y es muy fácil adherirse a una de estas iniciativas. ¿Qué iniciativa estarías interesada en apoyar?

@Chelo. Pues yo he visto una que se llama «Return the plastics» una iniciativa ciudadana para crear un sistema de depósito a escala europea para reciclar las botellas de plástico. Me parece que tenemos que hacer muchas cosas por el medio ambiente y es una cuestión de todos el cuidar de él. Me pregunto si se puede presentar una iniciativa ciudadana sobre cualquier tema.

@Unión Europea. No, Chelo. No sobre cualquier tema. Solo se pueden presentar iniciativas sobre aquellas materias en las que los Tratados me han dado competencia para legislar. El medio ambiente es una de esas materias. De hecho, mi legislación ambiental es muy amplia y variada y tengo los estándares de exigencia más elevados del mundo en materia ambiental.

@Aída. ¿Y quién puede apoyar una iniciativa ciudadana? ¿Qué requisitos hacen falta?

@Unión Europea. Pues mira, Aída, para apoyar una iniciativa ciudadana tienes que ser ciudadano europeo y tener la edad suficiente para ello. La mayoría de los países establecen la edad de 18 años, pero hay algunos que permiten ejercer ese derecho a la edad de 16 años. ¡Ah!, y no pueden participar aquellas personas que, aunque residen en Europa, no tienen la ciudadanía europea. Por ejemplo, un colombiano que tiene un permiso de trabajo en un país europeo no podrá participar en una iniciativa ciudadana porque no tiene la ciudadanía europea.

@Roberto. ¿Y qué plazo tienen los promotores para reunir ese millón de firmas?

@Unión Europea. Pues mira, Roberto, cuando los organizadores de la iniciativa (un grupo de 7 ciudadanos), tiene una propuesta deben presentar esa propuesta a la Comisión y la Comisión debe examinarla para ver si entra dentro de mis competencias, es decir, si trata sobre una de las materias sobre las que los Tratados me atribuyen capacidad de legislar. Si es así, la Comisión registra la propuesta, es decir, le dará el visto bueno y autoriza a los promotores a que puedan empezar a reunir el millón de firmas que necesitan. A partir de esa fecha, los organizadores tendrán un plazo de 6 meses para preparar el lanzamiento de su iniciativa y presentarla al público para que la apoye. El millón de firmas deberá recogerse en un plazo de 12 meses, contados desde el lanzamiento formal de la propuesta. Si en ese plazo, no se reúnen las firmas necesarias, la propuesta no prosperará y se archivará.

@Josué. Y si se recogen las firmas necesarias, ¿qué pasa?

@Unión Europea. En ese caso, cada uno de los Estados donde se han recogido esas firmas deberá validarlas, es decir, comprobar la autenticidad de las mismas y emitir un certificado en este sentido.

@Bárbara. ¿Y qué pasa después?

@Unión Europea. Si todo es correcto, la Comisión pasa a examinar la iniciativa y determina si es viable, o no. Es decir, decide si esta propuesta de norma es conveniente, o no desde el punto de vista del interés comunitario, que como sabes, no es el interés particular de nadie, sino el interés de todos, un interés donde convergen los intereses de los ciudadanos, de los Estados y los míos propios.

@Josué. ¿Puede decirse que a partir de ese momento la iniciativa legislativa presentada por los ciudadanos ya puede presentarse al Consejo y al Parlamento para que la aprueben?

@Unión Europea. No, Josué. La iniciativa legislativa siempre corresponde a la Comisión. Es ella la que decide qué propuestas de normas presenta al Consejo y al Parlamento. Los ciudadanos lo único que pueden hacer son sugerencias a la Comisión, pero será ella la que, en última instancia, decida si las presenta al Consejo y al Parlamento. Si la Comisión entiende que la propuesta que hace este millón de ciudadanos no es procedente, explicará a los ciudadanos por qué no la acepta y no se iniciará la tramitación de la norma.

@Martina. ¿Y han tenido los ciudadanos mucho éxito con sus propuestas hasta la fecha?

@Unión Europea. Pues para ser sinceros, te diría que no, que no han tenido mucho éxito. Hasta la fecha, se han presentado muchas propuestas a la Comisión, pero muchas de ellas no llegaron siquiera a ser registradas por ser materias que no forman parte de mis competencias. He de decirte que la Comisión ha sido muy estricta y ha descartado muchas iniciativas por quedar fuera de mi capacidad de acción.

Solo 90 han sido registradas y de ellas solo 6 han obtenido respuesta favorable de la Comisión. Obtener respuesta quiere decir que la Comisión se ha comprometido a tenerlas en cuenta en el futuro, pero rara vez esas propuestas ciudadanas se han visto plasmadas en una norma europea en los mismos términos en que las presentaban los ciudadanos a la Comisión.

@Felipe. ¿Y cuáles han sido esas iniciativas que han prosperado?

@Unión Europea. Te las enumero:

— *El derecho al agua y al saneamiento como derecho humano. El agua no es un bien comercial, sino un bien público.*
— *Uno de nosotros,* en la que se solicitan modificaciones legislativas con el objeto de poner fin a la financiación comunitaria de actividades que supongan la destrucción de embriones humanos
— *Stop Vivisección,* que solicita la derogación de la Directiva 2010/63/UE y la adopción de un nuevo marco legislativo que suprima totalmente los experimentos con animales para 2020, y
— *Prohibición del glifosato y protección de las personas y del medio ambiente frente a los pesticidas tóxicos.*

@Jacobo. Entonces, una parte muy importante de tu actividad consiste en hacer normas, ¿no? Me gustaría saber de dónde recibes el poder para hacer leyes, Unión Europea.

@Unión Europea. ¡Eso está hecho! Haz clic en PÁGINA SIGUIENTE para saber más.

LOS SUPERPODERES
DE LA UNIÓN EUROPEA

#LAS COMPETENCIAS DE LA UNIÓN EUROPEA

@Alberto. Parece, por lo que cuentas, que eres capaz de hacer muchas cosas. Tienes muchos objetivos y puedes dictar normas que se aplican en los Estados miembros como si fuera su propio derecho. ¿Cómo lo haces? ¿Tienes superpoderes?

@Unión Europea. Sí, algo así. Mis poderes se llaman competencias. Las competencias son los poderes que me ceden los Estados para decidir y dictar normas sobre determinadas materias en su nombre. Esas competencias son los instrumentos que yo tengo para cumplir los objetivos de los que hemos hablado antes. Las competencias son como la energía, que ni se crea ni se destruye, simplemente se transforma. Lo mismo pasa con las competencias. Lo que cambia es quién las ejerce, pero las competencias siguen siendo las mismas. Unas las mantienen los Estados y otras me las ceden a mí para que yo tome decisiones en esas parcelas. Es así como los Estados, al crearme, comparten su soberanía conmigo y se someten a mis decisiones.

@Manuela. Entonces, ¿los Estados son los que te dotan del poder para actuar y decidir en ciertas materias?

@Unión Europea. Así es, Manuela. Esas competencias me las han dado los Estados que me crean a través de los Tratados. Y no puedo actuar fuera de ellas. Es decir, solo puedo actuar en el límite de esas competencias. Esto es el principio de atribución que significa que, como soy un ente derivado, es decir, creado por los Estados, solo tengo la autoridad que ellos me han dado.

#COMPETENCIAS EXCLUSIVAS

@Yaiza. ¿Y cuáles son esas competencias?

@Unión Europea. Son muy variadas. En algunos casos los Estados me han dado todo el poder para decidir sobre una materia. Son las competencias que se llaman exclusivas. Es muy excepcional que los Estados me otorguen tanto poder. Solo lo hacen cuando es realmente necesario.

Generalmente significa que solo yo puedo legislar, es decir, dictar normas sobre esas materias. Los Estados han perdido la capacidad de dictar normas sobre estas cuestiones. Son materias en las que hace falta una legislación uniforme, es decir, igual, para todos los Estados, porque de ello depende el cumplimiento de mis objetivos, como tener una moneda única o conseguir un mercado interior.

#COMPETENCIAS COMPARTIDAS CON LOS ESTADOS

@Silvia. ¿Y qué otro tipo de competencias existen?

@Unión Europea. Después están las competencias compartidas, que son aquellas donde tanto los Estados, como yo tenemos capacidad para legislar. En esas áreas los Estados me han dado capacidad para dictar normas, aunque ellos también pueden hacerlo. Con estas competencias, lo que se busca no es que todos los países tengan la misma legislación, pero sí se pretende que las legislaciones de los Estados en una determinada materia sean parecidas. Normalmente lo que se quiere conseguir es que todos los Estados asuman unos mismos objetivos, o metas, aunque cada uno de ellos pueda conseguirlos de diferentes maneras. Para eso, yo digo cuáles son esas metas y después cada Estado desarrolla esa legislación en su ámbito interno. Por ejemplo, yo quiero que en 2050 todos los Estados tengan unos niveles de cero emisiones de gases contaminantes. ¿Cómo lo conseguirán los Estados? Tendrán libertad para elegir los medios para llegar a un mismo fin.

La mayoría de mis competencias son compartidas e incluyen asuntos como el mercado único, empleo y asuntos sociales, cohesión económica, social y territorial, agricultura, pesca, medio ambiente, protección de los consumidores, transporte, redes transeuropeas, energía, justicia y derechos fundamentales, migración y asuntos de interior, salud pública, cooperación para el desarrollo y ayuda humanitaria.

@Palmira. ¿Si son competencias compartidas, cómo se sabe cuándo tienes que legislar tú y cuándo los Estados?

@Unión Europea. Pues mira, Palmira, en principio se parte de la base de que casi siempre es más conveniente que legisle el poder público más cercano al ciudadano. Quiere decir que se prefiere que legislen los Estados o sus divisiones territoriales, las Comunidades Autónomas en vez de que lo haga yo. Se parte de la idea de que las Administraciones de los Estados comprenden mejor cuáles son las necesidades de sus ciudadanos porque están más cerca de ellos. Ese es el principio de subsidiariedad.

Sin embargo, hay casos en que la legislación europea es más eficaz que la legislación individual de cada uno de los Estados. En estos casos intervengo yo primero, legislando aquellos aspectos que quiero que sean comunes para todos los países. Pero no regulo esa materia por completo, sino que dejo espacio para que cada uno de los Estados, siguiendo mis directrices, desarrollen más pormenorizadamente mi legislación. Así se asegura que va a haber unas metas comunes para todos los Estados, pero también que cada uno de los Estados miembros pueda desarrollar la legislación que más les convenga. Así, todos contentos y coordinados.

@Ángela. ¿Podrías ponernos un ejemplo?

@Unión Europea. ¡Claro! Imagina que queremos proteger el medio ambiente controlando la calidad de las aguas. ¿Qué será más efectivo, que cada Estado apruebe su propia legislación de forma individual, o que exista una norma europea, común para todos los Estados, que establezca los niveles de calidad que todas las aguas deben alcanzar? Si cada Estado regula esto por su cuenta, habrá Estados que establezcan unos niveles de protección muy exigentes, frente a otros que serán más laxos. Y ello no solo se traducirá en la protección desigual del medio ambiente, sino que repercutirá en los costes de producción. Aquellas empresas de Estados más exigentes desde el punto de vista ambiental deberán gastar más en cumplir esas exigencias, frente a aquellas que pertenezcan a Estados con menos ambiciones medioambientales. Eso puede crear distorsiones en el mercado interior que alteren la competencia entre los productos. Por eso es conveniente contar con una legislación europea que armonice las exigencias ambientales, fijando objetivos comunes para todos los Estados. Pero eso no significa que los Estados hayan perdido por completo su competencia para legislar sobre medio ambiente. Podrán legislar sobre esta materia desarrollando las previsiones de mi legislación. Por eso hablamos de competencias compartidas. En el ejemplo de las aguas, todas tendrán que tener los mismos niveles de calidad que unifico yo con mis normas, pero cada Estado decidirá individualmente qué medidas va a tomar para llegar a ellas.

@Adela. ¿Entonces tus normas son una especie de último recurso cuando hablamos de competencias compartidas?

@Unión Europea. Así, es Adela. Solo si mis normas son más eficaces que las normas individuales de los Estados actuaré yo primero, homogeneizando la legislación.

#EL MECANISMO DE ALERTA TEMPRANA

@Isabel. ¿Y quién decide si tus normas son necesarias por ser más eficaces?

@Unión Europea. Pues mira, Isabel, esa es una cuestión muy importante en la que mis Estados miembros han puesto mucho empeño. Mucho empeño en controlarme, quiero decir. Ten en cuenta que, si yo me extralimito y legislo en una materia en la que les corresponde decidir a ellos, les estoy restando poder y estaré invadiendo sus competencias. Por tanto, los Estados vigilan muy bien que me mantenga en mi ámbito de competencia y no menoscabe sus potestades.

Mira, cuando la Comisión propone una norma para que sea aprobada por los colegisladores (Parlamento y Consejo), tiene que enviarla también a los Parlamentos de los Estados miembros. Los parlamentos, el Congreso y el Senado en nuestro caso, examinan esa propuesta normativa, y tienen un plazo de 8 semanas para pronunciarse sobre la necesidad de la misma. Es el mecanismo de alerta temprana. Y se llama así porque se pone en marcha antes de que la norma eu-ropea se apruebe y ante los primeros signos de alarma.

@Rocío. ¿Y cómo funciona?

@Unión Europea. Mira, Rocío, si un tercio de los órganos legislativos de los Estados miembros consideran que el proyecto de norma europea es innecesario desde el punto de vista de su eficacia, la Comisión deberá reconsiderar su propuesta, motivando si sigue adelante con ella, o no. Eso significa que los Parlamentos sacan tarjeta amarilla a la Comisión.

Si en vez de un tercio, es la mayoría de los órganos parlamentarios quienes llegan a esa misma conclusión, entonces, la Comisión Europea deberá también contar con el apoyo del Parlamento y del Consejo para seguir adelante con la tramitación de la norma propuesta. En este caso, los parlamentos han sacado a la Comisión tarjeta roja.

@Sonsoles. ¿Podrías ponernos un ejemplo en el que se activara el procedimiento de alerta temprana?

@Unión Europea. La «tarjeta amarilla» se activó en 2013 en relación con la propuesta de Reglamento relativo a la creación de la Fiscalía Europea. Tras un minucioso análisis de los dictámenes emitidos por los parlamentos nacionales, la Comisión concluyó que la propuesta se ajustaba al principio de subsidiariedad y decidió mantenerla, motivando su decisión,

@Soraya. ¿Y qué pasa si la norma se aprueba y aun así algún Estado sigue pensando que te has extralimitado y has actuado en un área donde no te correspondía?

@Unión Europea. Pues entonces ese Estado puede acudir al Tribunal de Justicia, que controla que mi actuación esté siempre en los límites de los Tratados. Ese Estado podrá solicitar la nulidad de una norma si entiende que he vulnerado los Tratados al excederme en el ejercicio de mi competencia. El recurso se llama recurso de anulación.

#COMPETENCIAS DE APOYO Y EL PROGRAMA ERASMUS

@Mario. Y qué hay del programa Erasmus. ¿Tienes capacidad o competencia para actuar en materia de educación?

@Unión Europea. No, Mario. La educación es una competencia de apoyo. Esto quiere decir que son los Estados los que legislan y yo solo les ayudo o apoyo en su labor. La responsabilidad última sobre estas materias corresponde individualmente a cada Estado miembro. Por ejemplo, el Espacio Europeo de Educación Superior y el plan Bolonia forman parte de un compromiso asumido voluntariamente por los Estados de coordinarse para aproximar su sistema educativo. Pero realmente aquí no tengo competencias propias, más allá de ayudar a los Estados.

Sin embargo, los países son conscientes de que la armonización y reconocimiento de las titulaciones es consustancial para el funcionamiento del mercado único. ¿Cómo si no va a poder hablarse de la libre circulación de trabajador@s, o la libertad de establecimiento? Si un médico o enfermero español puede ir a trabajar a otro país comunitario es porque se reconocen mutuamente las titulaciones expedidas en otro país comunitario y para ello es muy conveniente una aproximación de esas titulaciones. Esta es una de las carencias que a día de hoy presenta el mercado único. Por ello, sería deseable que los Estados, en futuras revisiones de los tratados se comprometieran a cederme también poder y competencia compartida en materia de educación.

Lo mismo pasa con la salud pública, industria, cultura, turismo, juventud y deporte y protección civil. Mis competencias son también de apoyo o cooperación con los Estados, pero la responsabilidad principal sobre estas materias es de los Estados.

#LA TARJETA SANITARIA EUROPEA

@**Román.** ¿Y qué pasa con el COVID? Has tenido un papel muy activo en la lucha contra la pandemia. ¿Qué tipo de competencias tienes, Unión Europea, en materia de salud pública?

@**Unión Europea.** Pues, mira, Román, a pesar del papel tan activo que he desarrollado durante la pandemia, mis competencias en esta materia son también de apoyo y de colaboración con los Estados. Ellos son los responsables últimos de proteger la salud pública de sus ciudadanos. Según los Tratados, mi función es únicamente coadyuvante, es decir, de ayudarles a conseguir esos objetivos. Durante la pandemia mi cooperación y coordinación han sido valiosísimas para los Estados, porque yo he centralizado, por ejemplo, el proceso de compra de vacunas, lo que nos ha permitido ser más fuertes y adquirir mayores dosis de manera preferente.

A raíz de la pandemia, los Estados se han dado cuenta de que tiene sentido conferirme competencias más importantes en materia de salud. Por eso se ha aprobado un Reglamento que ha entrado en vigor este mismo año, otorgando mayor capacidad de acción a uno de mis organismos, la Agencia Europea del Medicamento. Esta Agencia ha jugado un papel importante, al autorizar las vacunas.

La pandemia ha evidenciado la eficacia de mi intervención y por eso se empieza a hablar de la Unión Europea de la Salud. Quizá en un futuro los Estados acuerden una modificación de los tratados asignándome competencias compartidas con ellos en esta materia, y no solamente competencias de apoyo como tengo ahora.

@**Candela.** ¿Y qué es la tarjeta sanitaria europea? ¿Tiene algo que ver con tus competencias sobre salud pública?

@**Unión Europea.** No, Candela. Tiene que ver con la libertad de movimiento en la Unión Europea y el interés por asegurar a las personas que hacen uso de esa libertad el acceso a la sanidad pública en las mismas condiciones que a las personas aseguradas en ese país. La tarjeta solo sirve si vas de vacaciones, o para estancias temporales en un país europeo. Si vas a realizar una estancia de larga duración, es decir, si fijas tu residencia permanente en otro país, tendrás que optar por otro tipo de documento.

La tarjeta sanitaria es un requisito para poder ejercer la libertad de movimientos y garantiza que no vas a estar desatendido en caso de que te ocurra algo durante tu estancia temporal en un país europeo. Es un compromiso que asumen los Estados de dar cobertura a los ciudadanos para que la libre circulación sea real y efectiva. Porque las libertades y los derechos no son tales si no van acompañados de las condiciones necesarias para ejercerlos, y la asistencia sanitaria es un requisito para poder disfrutar de la libre circulación por los países del entorno comunitario.

@Fina. Entonces, si me pongo enferma cuando voy de vacaciones a Alemania, ¿puedo ir al hospital?

@Unión Europea. ¡Claro! Y con la tarjeta sanitaria europea te atenderán como si fueras un ciudadano alemán. Los Estados tienen firmados acuerdos para reembolsarse los gastos sanitarios ocasionados por sus nacionales cuando viajan a otro país. Así, Alemania te atenderá, pero pedirá a España el reembolso de tus gastos sanitarios.

@Ángeles. ¿Y me pueden obligar a mí a pagar algo?

@Unión Europea. Sí, puede. La tarjeta sanitaria europea no significa que la asistencia vaya a ser gratis, si en ese país ese tipo de prestación no lo es para sus ciudadanos. Quizá tendrás que pagar por recibir esos servicios, aunque luego podrás pedir que se te reembolse en España, si aquí esa prestación sí es gratuita.

@Claudio. ¿Y si estoy trabajando en ese país?

@**Unión Europea.** Pues entonces ya no usarás la tarjeta sanitaria europea, sino que tendrás que afiliarte al sistema nacional de salud y seguir las normas del país donde resides y trabajas. En ese sentido te equipararás a l@s trabajador@s de allí. El sistema sanitario del país donde trabajes se hará cargo de tus gastos sanitarios, porque tú estarás contribuyendo, con tu cotización, al mantenimiento del mismo.

#COOPERACIÓN INTERGUBERNAMENTAL Y UNIÓN EUROPEA

@**Valeria.** Entonces, ¿en todas las áreas en las que tienes capacidad para actuar ha habido una cesión de competencias por parte de los Estados?

@**Unión Europea.** Sí, casi todas las áreas en las que actúo se basan en la cesión de poder que me han hecho los Estados. Pero hay algunas materias en las cuales los Estados han sido reacios a cederme parte de su poder. Sin embargo, los Estados son conscientes de que debe haber una cooperación entre ellos y utilizan mis instituciones y mi estructura para negociar y consensuar políticas comunes. Es el caso de la Política Común de Seguridad y Defensa (PCSD), que forma parte de las relaciones exteriores de los Estados y tiene por objeto adoptar medidas que tienen que ver con temas militares, de defensa y de intereses geoestratégicos. Estas materias forman parte del concepto mismo de Estado y los países son reacios a dejar estas cuestiones en mis manos. Por eso, lo que hacen es reunirse en el Consejo Europeo, o en el Consejo para negociar y alcanzar un consenso entre todos que les lleve a una posición común.

@Nerea. Entonces en política exterior de seguridad y defensa no hay una cesión de competencias en tu favor, ¿no?

@Unión Europea. Así es, Nerea. En estas materias los Estados funcionan bajo el principio de cooperación intergubernamental, no de cesión de competencias. Quiere decir que son soberanos para decidir sobre esas cuestiones y no se someten a mis decisiones, aunque sí usan mis instituciones para consensuar acuerdos. Pero, aunque esas decisiones se adopten en el seno de mis instituciones, no se adoptan por mayorías, sino por consenso, lo que significa que para que se adopte una decisión que vincule a todos los Estados hace falta que todos ellos estén de acuerdo. Aquí funciono de manera similar a como funciona la OTAN, donde los Estados mantienen su soberanía intacta y utilizan este organismo como foro para negociar y llegar a posiciones comunes.

Los Estados son muy celosos de su soberanía en ciertas cuestiones relativas a su política exterior, como la seguridad, el ejército, o las relaciones exteriores, y tienden a proteger esas parcelas de poder, reservando se ejercicio para ellos mismos. De todas maneras, también son conscientes de que consensuar acuerdos les hace más fuertes y por eso se avienen a cooperar internacionalmente utilizando mis instituciones.

@Miguel Ángel. Es lo que ha pasado, por ejemplo, en el caso de las sanciones a Rusia, ¿no?

@Unión Europea. Sí, correcto. Aquí los Estados han aprovechado mis instituciones para reunirse y consensuar, pero no me han dado a mí la capacidad de decisión en su nombre. Fíjate, cuando se imponen sanciones económicas a Rusia, son los propios Estados quienes acuerdan esas medidas. Primero se reúnen en el Consejo Europeo los Jefes de Estado y/o de Gobierno, que son los que más mandan y deciden la procedencia de castigar a Rusia. Después sus lugartenientes, esto es, los ministros de exteriores de cada país se reúnen en el seno del Consejo y deciden en qué van a consistir esas sanciones económicas. Pero todos tienen que votar a favor y estar de acuerdo. La decisión de la mayoría no puede imponerse a aquellos Estados que no estén de acuerdo y no es necesaria la intervención del Parlamento.

Por ejemplo, inicialmente se propuso impedir las importaciones de petróleo ruso, pero Hungría se negó porque ello podría afectar a su seguridad energética. Por eso se tuvo que negociar el tema hasta llegar a un acuerdo con el que Hungría también estuviera satisfecha. Si Hungría se hubiera descolgado de ese acuerdo, este no se hubiera podido cerrar como un acuerdo de todos los Estados. Por eso, hubo que reformularlo llegando a una decisión de consenso. El consenso en este caso consistió en limitar las importaciones de petróleo ruso que llegaba por oleoducto, pero permitiendo la importación del petróleo ruso que llegaba por vía marítima. Este acuerdo satisfizo también a Hungría y así se pudieron imponer unas sanciones que se reconocen como comunitarias, porque se han adoptado en el seno del Consejo y del Consejo Europeo, pero en las que el Parlamento no ha tenido participación.

@Enrique. Y además me he dado cuenta de que los países envían a Ucrania a sus Jefes de Estado de manera individual.

@Unión Europea. Esa es una buena observación, desde luego, porque escenifica muy bien lo que os estoy contando. Es verdad que el Alto Representante para Asuntos

Exteriores, Josep Borrell, y la propia presidenta de la Comisión, Úrsula von der Leyen, han viajado a Ucrania en mi nombre, pero en materia de relaciones exteriores es poco lo que yo puedo hacer. Los Estados mantienen prácticamente intactas sus competencias en Política Exterior, y por eso envían a sus representantes a hablar con Zelenski. Han ido Sarkozy, Pedro Sánchez y casi todos los líderes de los países miembros, representando individualmente a su país.

#COMPETENCIAS DE COORDINACIÓN

@Martina. ¿Y hay alguna otra materia donde ocurra algo parecido?

@Unión Europea. Sí, Martina. La política económica de los Estados es decisión de cada uno de ellos. No hay cesión de competencias. Ahora bien, los Estados saben que, si quieren mantener el euro, sus economías tienen que estar saneadas, porque el euro tiene que tener un entorno financiero y presupuestario fuerte para poder funcionar. Por eso admiten que yo, la Unión Europea, coordine sus economías y les pongan algunos límites presupuestarios, diciéndoles cuánto se pueden endeudar, o cuál es el límite de gasto público (el techo presupuestario). En estas cuestiones, mis competencias son de coordinación y control, pero tampoco se basan en una cesión de competencias.

@Martina. Es complicado, pero creo que puedo llegar a entenderlo.

@Unión Europea. ¡Uf, menos mal! Si estás lista para el siguiente reto, pulsa CONTINUAR APRENDIENDO.

EL DERECHO DE LA UNIÓN EUROPEA

#¿DÓNDE SE APLICA TU DERECHO?

@Jacobo. Si no he entendido mal, las competencias que te han cedido los Estados son el título habilitante para que puedas dictar tus propias normas, ¿no?

@Unión Europea. Sí, Jacobo. Una parte muy importante de lo que hago son normas, normas europeas o Derecho europeo. Antes te he contado que los Estados me han cedido parte de su soberanía para conseguir unos objetivos que se detallan en los Tratados. Me han cedido poder legislativo para que pueda elaborar mis propias normas. Puede decirse, por tanto, que yo, la Unión Europea, soy capaz de legislar, es decir, de hacer leyes europeas. Las leyes son el instrumento principal del que dispongo para lograr esa unidad política y económica de la que te he hablado antes. Puede decirse que yo, la Unión Europea, creo mi propio Derecho.

@Jacobo. ¿Por qué tienes la capacidad de hacer normas?

@Unión Europea. Te lo explico, Jacobo. Los Estados me han dado una misión que cumplir, unos objetivos de los que hemos hablado antes. Para eso es necesario que me den también las herramientas para que pueda trabajar y lograr dichas metas. ¿Cómo voy a conseguir un mercado único, una moneda única, o darte derechos a ti como ciudadano si no puedo crear mis propias normas? Los Estados saben esto, y por eso me han atribuido potestad legislativa sobre determinadas materias (medio ambiente, el euro, agricultura…). Como hemos visto, la capacidad de elaborar normas que regulen determinadas materias se llama competencia. Las competencias son los superpoderes con los que puedo conseguir mis objetivos. En algunos casos, esas competencias son exclusivas. Eso quiere decir que solo yo puedo legislar, y los Estados han perdido toda capacidad de acción en esa materia. Por ejemplo, en cuestiones relativas al euro, solo yo puedo dictar normas y decidir sobre la moneda única. Esto, sin embargo, no es lo usual. Lo normal es que mis competencias las comparta con los Estados, lo que quiere decir que ellos regulan parte de una materia y yo la otra. Pero de eso ya hemos hablado antes.

@Estela. ¿Y cómo sabes dónde puedes legislar y dónde no?

@Unión Europea. Pues eso está escrito en los Tratados, Estela. En ellos, los Estados han dejado plasmado por escrito qué puedo y qué no puedo hacer. Los Tratados son la norma más importante de mi ordenamiento jurídico. Son como una especie de Constitución que dice cómo me llamo, cuáles son mis objetivos, cuáles son mis superpoderes… Esos Tratados no los he hecho yo. Los han acordado y firmado los Estados. Son tan importantes, que no puedo crear ninguna norma que vaya en contra de lo digan los Tratados. Si así fuera, esa norma sería nula, no tendría validez en absoluto. Eso quiere decir que las normas que yo elaboro se han de subordinar a lo que digan los Tratados, y también quiere decir que los Tratados son jerárquicamente superiores a cualquier otra norma que yo pueda aprobar. Se encuentran en la cima de la pirámide normativa y limitan mi actuación porque no puedo hacer nada, ni aprobar ninguna norma que no esté autorizada por ellos.

@Ramón. Es decir, son los Tratados los que te dan la capacidad para elaborar normas, ¿no?

@Unión Europea. Así es, Ramón. El Tratado de Roma de 1958 es mi acta de nacimiento. A partir de ahí, los Estados me permiten que eche a andar, que tome decisiones y legisle por ellos en las materias sobre las que me han dado competencia. Y, además, los Estados se comprometen a someterse a mis decisiones en esas materias. Ya sabes que el Tratado de Roma se ha modificado en numerosas ocasiones, generalmente para atribuirme más competencias, dado lo bien que he ido cumpliendo mis objetivos hasta la fecha.

@Xenia. ¿Y por qué es tan importante que elabores esas normas, Unión Europea?

@Unión Europea. Querida Xenia, porque es esencial para cumplir los objetivos que los Estados quieren conseguir y que han plasmado en los Tratados. Por ejemplo, imagínate que los Estados quieren conseguir que exista el derecho de libre circulación y residencia de los ciudadanos europeos, y que todos ellos puedan ejercer ese derecho en igualdad de condiciones. ¿Cómo crees que se conseguirá eso de manera más eficaz? ¿Crees que sería posible conseguirlo dejando que cada país regulara individualmente ese derecho y las condiciones para ejercerlo? ¿O quizá sería mejor que fuese yo quien estableciera una normativa común para todos los Estados miembros?

Fíjate qué ocurriría si España aprobara una norma e Italia otra. ¿Ejercerían los ciudadanos españoles e italianos el derecho en los mismos términos? Probablemente no. Esa es la razón de ser de mis normas. Lo que se quiere conseguir es un Derecho que se aplique por igual en todos los Estados y que otorgue a todos los ciudadanos europeos, sean del país que sean, los mismos derechos. Y eso solo puede conseguirse si ese Derecho lo apruebo yo, la Unión Europea, para que sea aplicado por igual en todos mis Estados miembros. La unión política y económica requiere que mis Estados se someten en ciertas materias a un Derecho común, un Derecho europeo, que unifique y armonice las normas que se aplican en sus territorios. Y ese es el compromiso que han adquirido los Estados a través de los Tratados.

@Puri. Entonces, ¿dónde se aplica tu derecho?

@Unión Europea. Muy bien formulada tu pregunta, Puri. Gracias. Te diré que a pesar de lo que te parezca, las normas que yo elaboro, es decir, el Derecho comunitario, nace con vocación de ser aplicado en los Estados miembros, es decir, en tu país. España, pongamos por caso. Y ese Derecho se aplica por los jueces y tribunales de tu país. Te pongo un ejemplo. Hace unos años, yo, la Unión Europea, aprobé una norma que decía que los trabajadores de la minería podrían jubilarse a los 60 años. Esa norma se aplica por igual en los 27 países miembros. Es una norma europea común a todos los Estados. Si tú fueses un trabajador de la minería en España y quisieras jubilarte, ¿dónde reclamarías ese derecho? ¿En Bruselas? ¿Ante el Tribunal de Justicia de la Unión Europea? ¡No! ¿Por qué ir tan lejos? Los Estados han consentido a través de los Tratados en aceptar esa norma europea como si fuera propia. Para ello me han dado competencia. Luego, si los Estados asumen esa norma europea como propia, ello quiere decir que los jueces y tribunales internos deben aplicarla. Por tanto, exigirás tu derecho en España y si tienes algún problema reclamarás ante los tribunales españoles.

@Esteban. Entonces, ¿eso quiere decir que España acepta tu derecho como si lo hubiera elaborado nuestro Parlamento?

@Unión Europea. Así, es Esteban. Cuando España pasa a formar parte de la Unión Europea y firma y ratifica los Tratados correspondientes, me cede parte de su soberanía a mí, la Unión Europea, y consiente que yo legisle por ella sobre ciertas materias. Eso quiere decir que España aceptará las normas que yo produzca en esas materias y las reconocerá como propias. Mis normas se integran así en el ordenamiento jurídico español, pasan a formar parte del mismo y se aplican como si de normas españolas se tratara.

#¿QUÉ PASA SI UNA NORMA EUROPEA CONTRADICE LAS DE LOS ESTADOS MIEMBROS?

@Milagros. ¿Y qué pasa si ya hay una norma aprobada en España que dice lo contrario a lo que dice la norma europea? ¿Cuál prevalece?

@Unión Europea. Pues mira, Milagros, siempre que yo actúe dentro de los límites de los Tratados y no vaya más allá, mis normas siempre prevalecerán sobre las normas internas que puedan existir en los Estados. Ese es el principal compromiso que han adquirido los Estados. Si me han dado capacidad para aprobar normas en ciertos asuntos, cediéndome la capacidad para decidir, después no pueden alegar que ellos ya tienen una norma propia diferente, si no les gusta o no les conviene la que yo apruebo. Eso significaría dejar que cada Estado eligiese qué normas europeas aplica y cuáles no. Sería una especie de Derecho a la carta que quebraría la unidad de mi Derecho e impediría que se aplicara por igual a todos los Estados. De otra forma, yo, la Unión Europea, no podría haber conseguido tantos y tantos logros que se basan en la uniformidad y armonización del Derecho en los Estados miembros. Por ejemplo, ¿te imaginas que cada Estado tuviera sus propias normas en lo que se refiere a los estándares de calidad y seguridad de los productos? ¿Que un juguete tuviera que cumplir unos requisitos para poder comercializarse en España y otros distintos para poder comercializarse en Polonia?

¿Crees que los juguetes hechos en España podrían venderse en Polonia, o a la inversa?

El mercado interior requiere de normas comunes, y este es solo un ejemplo de los muchos que ilustran lo que te estoy diciendo. Es por eso que mis normas se blindan ante posibles incumplimientos de los Estados, y para ello se les atribuye la característica de la primacía sobre las normas de cada país. Eso quiere decir que, en la medida en que no me extralimite y me mantenga en el límite de las competencias que me han dado los Tratados, mis normas prevalecen sobre el derecho interno de cada uno de los Estados. El principio de primacía significa que mis normas desplazan cualquier otra norma de derecho interno que se oponga a ellas. Todo ello, repito, siempre que yo actúe en el límite de mis competencias.

@Alfonso. ¿Podrías ponerme un ejemplo para que lo entienda mejor?

@Unión Europea. Claro, Alfonso. Imagínate que existe una norma interna en España que dice que la edad de jubilación de los trabajadores de la minería es a los 65 años. Esa norma está vigente y es la que se ha venido aplicando hasta la fecha. Imagina ahora que yo, la Unión Europea, apruebo una norma que dice que a partir de 2015 los trabajadores de la minería tendrán que jubilarse a los 60 años. Tenemos aquí dos normas, una aprobada por el Parlamento español y otra aprobada en el ámbito comunitario que son contrarias entre sí. Dicen dos cosas diferentes y establecen una edad de jubilación diferente para los mismos trabajadores. ¿Cuál se aplicará en España a partir de 2015?

@Alfonso. Sí, ya lo tengo claro. Se aplicará la norma que has aprobado tú porque estás actuando dentro de los límites de los Tratados, ejerciendo una competencia que te han dado los Estados, y, por tanto, tus normas prevalecerán sobre las normas internas de España.

@Unión Europea. Exacto Alfonso. Y eso ocurre porque mis normas tienen vocación de ser aplicadas en el territorio de los Estados miembros, van dirigidas a los ciudadanos, se integran en el sistema normativo de los Estados y prevalecen sobre normas anteriores que esos Estados pudieran tener aprobadas. En estas condiciones, mis normas desplazan a las normas internas que las contradicen, por el principio de primacía o prevalencia de mi Derecho sobre las normas internas de mis países miembros.

@Ismael. ¿Y qué pasa si España, por ejemplo, aprueba una norma *a posteriori* que contraviene lo que dice una de tus normas?

@Unión Europea. Hábil pregunta y hábil estratagema para eludir mis normas, Ismael. :D Sin embargo, una de mis instituciones, el Tribunal de Justicia, ya pensó en ello en su momento y dio una respuesta. Y es que el principio de primacía no solo desplaza las normas internas ya aprobadas que contradicen mi derecho. También impide la válida formación de derecho interno posterior que contradiga esas normas comunes. Es decir, que si yo he legislado y he dicho que la edad de jubilación de los mineros es a los 60 años, ningún Estado podrá aprobar después una norma que contradiga lo que yo he dicho. Mis normas prevalecen sobre el derecho interno, anterior y posterior. Es lógico, ¿no? Si un Estado ha dicho en los Tratados que renuncia a legislar sobre una determinada materia, tiene que cumplir su palabra y abstenerse de legislar en esos asuntos. Una norma interna que no respetara esto sería nula y los jueces y tribunales españoles no estarían obligados a aplicarla. Podrían «pasar» ampliamente de ella y seguir aplicando la norma europea.

Y ello porque los jueces españoles tienen independencia judicial y son responsables de la aplicación de mi derecho en España.

#¿QUÉ PASA SI UNA NORMA EUROPEA ES CONTRARIA A LA CONSTITUCIÓN?

@Rita. ¿Y qué pasaría si la norma europea fuese contraria a la Constitución? He oído que la Constitución española está en la cúspide de nuestro ordenamiento jurídico.

¿También prevalece tu Derecho, Unión Europea, sobre nuestra Constitución?

@Unión Europea. Eso no tiene por qué pasar, Rita, pero lo cierto es que algunas veces sí ha ocurrido, y ello ha obligado a modificar vuestra Constitución. Te lo explico paso a paso. Todos los países que me integran comparten conmigo unos mismos valores democráticos que se encuentran recogidos en sus constituciones. Ningún país podría integrarse en mi estructura contraviniendo esos principios. Eso ya lo sabemos porque es un requisito para la integración y para la adhesión. De modo que, por esa parte, podemos estar tranquilos.

Pero a veces, las constituciones contienen preceptos que no se ajustan a las normas que yo elaboro, y en esos casos es necesario hacer algo. Por ejemplo, cuando se firmó el Tratado de Maastricht y se concedió a los ciudadanos europeos el derecho a votar en las elecciones locales del país donde estuvieran residiendo, así como el derecho a presentarse como candidatos a alcaldes o concejales. Vuestra Constitución, en su artículo 13 ya permitía que personas que no tuvieran la nacionalidad española pudieran votar en esas elecciones si existían acuerdos con otros países en condiciones de reciprocidad. Ampliar el derecho de voto a los ciudadanos europeos no contradecía pues la Constitución. Sin embargo, vuestra Constitución solo reconocía el derecho de sufragio pasivo (el derecho a concurrir a las elecciones para ser elegido alcalde o concejal) a aquellas personas que tuvieran la nacionalidad española. Un ciudadano francés era ciudadano europeo y conforme al Tratado de Maastricht podía ser alcalde o concejal en un municipio español. Sin embargo, vuestra Constitución no lo permitía porque el francés no tenía la nacionalidad española. Esta contradicción se solucionó modificando la Constitución española y adaptándola a las exigencias europeas. Se le dio a la Constitución el tratamiento de una gran señora y se modificó su contenido antes de ratificar el Tratado para que no existiera contradicción entre ella y mi Derecho. Fue un acto de deferencia y galantería hacia la Constitución, a la que se le dio trato de favor. Sin embargo, esa modificación no era una exigencia para que mis normas se aplicaran preferentemente a los preceptos constitucionales.

@Jaime. ¿Y ha habido más modificaciones en nuestra Constitución?

@Unión Europea. Sí, ha habido otra, más reciente que modificó el artículo 137 de la Constitución que establecía el techo de gasto en la aprobación de los presupuestos.

#¿A QUIÉN OBLIGAN LAS NORMAS EUROPEAS?

@Loli. ¿Y a quién se dirigen tus normas? ¿Quién resulta obligado por ellas, o a quiénes le dan derechos?

@Unión Europea. Hola, Loli. Te diré que eso depende del tipo de norma de que se trate. Yo puedo aprobar reglamentos y directivas. Los reglamentos son normas generales que crean derechos y obligaciones para sus destinatarios. Se pueden dirigir a todos los Estados, o a sus ciudadanos. Por ejemplo, hay un Reglamento que regula tus derechos en caso de que se produzcan retrasos cuando vuelas con una compañía aérea. Te da el derecho a reclamar y obtener una indemnización de la compañía aérea si tu vuelo sufre un retraso o una cancelación. Bajo ciertos requisitos y condiciones, eso sí. Paralelamente, obliga a las compañías aéreas a indemnizarte por los retrasos o cancelaciones que se produzcan en los vuelos por causas imputables a ellas.

Las directivas, en cambio, no se dirigen a los ciudadanos, sino a los Estados y crean obligaciones para ellos. No hace falta que se dirijan a todos los Estados, sino que pueden dirigirse únicamente a algunos de ellos.

#¿CÓMO OBLIGAN LAS DIRECTIVAS A LOS ESTADOS?

@Loli. ¿Y qué tipo de obligaciones crean las directivas para los Estados?

@Unión Europea. La principal obligación que una directiva crea para los Estados es la de transposición, ejecución o desarrollo.

@Remedios. ¡Uy, qué lío! Transpo… ¿qué? Explícate.

@Unión Europea. Sí, no me extraña, Remedios. Mira, las directivas son normas incompletas, no acabadas. Eso quiere decir que hay que terminar de «hornearlas», es decir, necesitan ser desarrolladas por los Estados para que puedan aplicarse. A ese desarrollo que hacen los Estados de mis directivas se le llama transposición o ejecución de la directiva. Implica que cada Estado debe de desarrollar esa norma incompleta para que tenga pleno contenido. Yo lo que hago es dar unas indicaciones generales a los Estados y son ellos quienes terminan de perfilar el contenido.

@Sonsoles. ¿Entonces las directivas no se aplican a los ciudadanos?

@Unión Europea. Eso es, Sonsoles. Al ser normas incompletas, en principio no tienen capacidad para crear derechos que pueden ser exigidos por los ciudadanos. Tampoco pueden generar obligaciones para ellos. Es necesario que la norma se desarrolle por cada uno de los Estados en el plano interno. Se puede decir que la directiva es el germen, o la semilla de la futura norma interna, de la que resultarán esos derechos y obligaciones.

@Asunción. ¿Y por qué hace falta que cada Estado desarrolle esa directiva? ¿No sería más fácil que fueras tú, Unión Europea quien estableciera todo el contenido de la norma?

@Unión Europea. Mira, Asunción, eso tiene una explicación. Ya sabes que a veces los Estados han querido limitar mi capacidad de acción y me han dado competencias limitadas para regular ciertas materias. ¿Te acuerdas de las competencias compartidas?

En estos casos, los Estados quieren que me ciña a unos límites, de forma que mi actuación no sea vaya demasiado lejos cuando legisle. Me permiten que fije unos resultados a conseguir, unos objetivos a alcanzar, pero no quieren que les diga de qué forma deben conseguirlos. Quieren ser los Estados, haciendo uso de su soberanía, quienes decidan cómo conseguir esos objetivos. Y para ello son muy útiles las directivas.

Las directivas establecen los objetivos a alcanzar, pero dejan a los Estados decidir los medios que van a emplear para ello. En otras palabras, que yo, la Unión Europea, les digo a los Estados la meta que deben de alcanzar y ellos deciden el camino que van a seguir para ello. No todos los Estados quieren llegar a esa meta común siguiendo el mismo camino. Por tanto, al transponer o desarrollar la directiva, los Estados están decidiendo a través de sus propias normas qué medios van a emplear para ello. En eso consiste el desarrollo de una directiva.

@Martín. ¿Me puedes poner un ejemplo? No estoy muy seguro de entender lo que dices.

@Unión Europea. Claro, Martín. ¡Marchando! Imagínate que quiero conseguir que para el año 2050 todos los países tengan una economía neutra, es decir, donde el nivel de emisiones sea del 0%. Esa es la meta. Y quiero que todos los países de mi entorno lleguen a ese objetivo para esa fecha. Pero ¿cómo alcanzarán ese objetivo, es decir, a través de qué medios? Eso es algo que cada país tendrá que decidir por sí mismo. Habrá algunos que decidan dar incentivos y subvenciones para favorecer la progresiva reducción de emisiones. Pero ¿a quién darán esas ayudas? ¿A los particulares para que compren coches eléctricos? ¿A las empresas? ¿A todos? Otros preferirán alternar dichas subvenciones con una legislación más restrictiva que limite o prohíba ciertas actividades. Por eso mis directivas se limitarán a establecer esa meta, pero cada Estado tendrá libertad para decidir qué camino sigue para conseguir ese objetivo común y en eso consistirá el desarrollo de las directivas que yo, la Unión Europea, apruebe.

Por ejemplo, en España se ha aprobado recientemente la Ley 7/2021, de 20 de mayo, de cambio climático y transición energética, que desarrolla algunas de las directivas europeas sobre medio ambiente. A través de esta Ley se ha realizado la transposición de algunas de mis directivas medioambientales.

@Serafín. Entonces, ¿hasta que no se hayan desarrollado esas directivas en un Estado, los ciudadanos no estarán obligados por ellas, y tampoco podrán exigir los derechos que se deriven de ellas?

@Unión Europea. Así es Serafín. Normalmente los Estados tienen un plazo de 2 años para su transposición. Sin embargo, a veces los Estados se demoran en el cumplimiento de su obligación. Es decir, se demoran en el desarrollo, o transposición de una directiva y ello puede perjudicar a los ciudadanos que no pueden reclamar los derechos que la directiva les reconoce por culpa de su propio Estado, que no ha desarrollado esa norma en plazo. Esto ha sucedido en muchas ocasiones en España, especialmente en materia de medio ambiente.

@Antonia. ¿Y qué pasa en esos casos?

@Unión Europea. Pues, en esos casos se ha establecido un mecanismo que trata de solventar los perjuicios causados a los ciudadanos por el Estado incumplidor. Ese mecanismo consiste en permitir al ciudadano reclamar los derechos que establece la directiva, aunque esta no se haya transpuesto al Derecho interno. Esos derechos se invocarán ante los jueces internos, que estarán obligados a reconocer y conceder tales derechos al ciudadano que los reclame, y en caso de no ser posible, a concederle una indemnización.

Te pongo un ejemplo muy reciente. Un ciudadano ha reclamado recientemente al gobierno francés una indemnización de 21 millones de euros. Según este ciudadano, el Estado francés debería haber desarrollado una directiva sobre calidad del aire, aprobando e implementado normas internas para evitar o disminuir la polución atmosférica. El ciudadano alega que la demora del Estado en transponer la norma le ha causado problemas de salud, vulnerando un derecho fundamental. El Estado francés es el responsable de estos daños y perjuicios al no haber cumplido con su obligación de aprobar la norma interna, de modo que debe ahora indemnizarle.

#¿REGLAMENTO O DIRECTIVA?

@Salomé. Entonces, ¿Cuándo procede que apruebes un reglamento y cuando una directiva? ¿O da igual?

@Unión Europea. No, no da igual, Salomé. Como hemos visto, los reglamentos son normas plenas y completas. Se integran directamente en el ordenamiento jurídico de los Estados y no requieren de una actuación complementaria de desarrollo, o transposición por parte de los Estados. Todo su contenido es obligatorio, es decir, tanto los objetivos o las metas a conseguir, como los medios para llegar a ello que ya especifica el reglamento. Los reglamentos unifican la legislación de los Estados en una misma materia porque la misma norma será de aplicación en los 27 países directamente y sin necesidad de transposición.

En cambio, las directivas, como hemos visto, requieren de un desarrollo posterior que cada Estado hará a nivel individual, como mejor le parezca. Los Estados solo estarán vinculados por los objetivos a conseguir. Eso quiere decir que las normas sobre una determinada materia serán parecidas en todos los Estados miembros, porque todas tenderán al mismo objetivo, pero no serán iguales porque cada Estado establecerá unos procedimientos, o unos medios distintos para llegar a esa meta.

Las directivas armonizan la legislación de los Estados, es decir, la aproximan, pero no la unifican como los reglamentos.

Las directivas son menos invasivas para los Estados, dándoles mayor capacidad y libertad de acción. Se reservan para las competencias compartidas de las que hemos hablado antes. En cambio, los reglamentos se reservan para aquellas materias donde ostento competencia exclusiva y solo yo puedo legislar, como la moneda única, o las normas que regulan la competencia en el mercado interior.

Normalmente los Tratados me dicen el tipo de norma que tengo que aplicar, pero si no lo hacen, los Estados prefieren que utilice la directiva al reglamento.

#¿QUÉ PASA SI LOS ESTADOS INCUMPLEN EL DERECHO COMUNITARIO?

@**Fátima.** ¿Y quién vigila que tus normas se cumplan? Parece que los primeros incumplidores son los Estados.

@**Unión Europea.** Así es, Fátima. Los Estados muchas veces incumplen mi Derecho. Un Derecho que ellos se han obligado a respetar al firmar y ratificar mis Tratados. Parece inexplicable, ¿verdad? Sin embargo, acuérdate que generalmente tomo las decisiones y apruebo las normas por un sistema de mayorías, de forma que no es necesario que todos los Estados estén de acuerdo y voten a favor para que una norma se apruebe y sea vinculante para ellos.

A veces, los gobiernos que se suceden al frente de un país pueden ser más, o menos europeístas, y puede que no estén de acuerdo con los compromisos que asumieron otros gobiernos cuando firmaron los Tratados. En ocasiones hace falta dinero para cumplir con esas obligaciones y los Estados no lo tienen, o lo dedican a otras cosas menos provechosas. En fin, que son muchas las razones que explican esa falta de disciplina de los Estados a la hora de cumplir mis normas y las obligaciones que resultan de ellas.

@Manuela. ¿Y qué ocurre en esos casos? ¿Se puede obligar a un Estado a cumplir lo que no quiere?

@Unión Europea. Sí, Manuela, se puede porque ese país, al firmar los Tratados, ha asumido unos compromisos de los que luego no puede escabullirse. Hay distintas formas de conseguir esto, aunque a decir verdad no siempre son efectivas.

Vamos a imaginar algunos supuestos en que un Estado puede estar incumpliendo mi Derecho. Y lo vamos a ver en el caso de España. Mira, hay una Directiva de calidad de las aguas que dice que no pueden verterse aguas residuales sin depurar, de modo que todos los municipios deben estar integrados en un sistema que les permita limpiar sus aguas residuales. Es decir, deben construirse estaciones de depuración, o colectores que agrupen a varios municipios y que eviten esos vertidos de aguas contaminadas directamente al mar o a los ríos. España, incumplió la obligación de transponer esa Directiva en plazo. A fecha de hoy, la transposición de la Directiva ya se ha realizado, pero existen núcleos de población que todavía no disponen de sistemas de depuración, con lo que España está incumpliendo mi Derecho. ¿Qué harías tú en mi caso? ¿Cómo conseguirías que el Estado español cumpla con sus obligaciones?

@Esmeralda. No sé, supongo que no es fácil. Quizá negociando con el Estado español y convenciéndole para que cumpla.

@Unión Europea. Bueno, sí, Esmeralda. Es una buena forma de empezar. Que no se diga que no lo intentamos por las buenas. En este caso, actúa la Comisión Europea primero. Recuerda que la Comisión representa los intereses comunitarios. Es la guardiana de los Tratados y permanece ojo avizor, vigilando que todos los Estados cumplan con sus obligaciones. Cuando la Comisión detecta un incumplimiento, bien por sí misma, bien porque otro Estado miembro se «chiva», entonces inicia un procedimiento que se llama de infracción. A través de este procedimiento, la Comisión pretende solucionar por las buenas el problema dirigiendo al Estado incumplidor una carta en la cual le dice que tiene que cumplir y las razones para ello. La mayoría de los conflictos se resuelven por esta vía, aunque los Estados suelen tardar años en hacer caso a la Comisión.

@Rubén. ¿Y qué pasa si el Estado no hace caso a la Comisión?

@Unión Europea. Pues entonces el procedimiento se judicializa. Es decir, la Comisión recurre al Tribunal de Justicia para que sea esta institución quien declare el incumplimiento y obligue al Estado a cumplir.

@Javier. Sí, pero ¿cómo?

@Unión Europea. Pues a través de un sistema de multas, Javier, que van dirigidas a obligar al Estado a cumplir (multas coercitivas) y a sancionar al Estado por no haber cumplido sus obligaciones (sanciones).

Volviendo al ejemplo de antes, al de los colectores y los sistemas de depuración, ¿sabías que España está pagando una multa coercitiva de 10.950.000 euros por cada semestre de retraso en la construcción de los sistemas de depuración y que pagó multa de 12 millones de euros en concepto de sanción cuando el Tribunal de Justicia declaró el incumplimiento?

#¿CÓMO PUEDEN RECLAMAR L@S CIUDADAN@S LOS DERECHOS QUE LES RECONOCEN LAS NORMAS EUROPEAS?

@Lupe. ¡Pues vaya fiasco! ¿Y qué pasa si quien incumple tu derecho es un ciudadano de a pie, como yo?

@Unión Europea. Pues sí, Lupe, esa también es una posibilidad, porque ya sabes que algunas de mis normas también obligan a los ciudadanos y las empresas de los Estados miembros. Por ejemplo, imagínate que compras un televisor en España. Las normas europeas obligan a los vendedores a dar un plazo de garantía de 5 años por la venta de sus productos. Ya sabes que yo tengo competencias muy importantes en materia de protección de los consumidores porque sois parte del mercado interior. ¡Y dime un solo ciudadano europeo que no sea consumidor!

@Encarna. Sí, ya me había fijado. Y la verdad es que tienes razón. Todos compramos, o usamos servicios. Todos somos consumidores.

@Unión Europea. Exacto, Encarna. Esas normas sobre protección de los consumidores que yo dicto, son directivas. Como ya sabes, tienen por objeto aproximar la legislación de los Estados, es decir, conseguir que los consumidores tengan todos los mismos derechos independientemente del país comunitario al que pertenezcan. Así, cualquier consumidor de uno de mis Estados miembros tendrá el mismo plazo de garantía y los mismos derechos. Imagínate ahora que el Estado español ha desarrollado, o transpuesto esa directiva a nuestro ordenamiento jurídico, y ha aprobado la Ley de Consumidores y Usuarios.

@Sebas. Sí, he oído nombrar esta Ley. Mi madre pertenece a una asociación de consumidores y usuarios.

@Unión Europea. ¡Perfecto! Bueno, pues esa Ley española desarrolla el contenido de mi directiva y, por tanto, reconoce a los compradores el derecho a obtener una garantía de 5 años por los productos que compran. Imagina ahora que el establecimiento que te vende la tele no quiere darte esa garantía y no responde cuando le dices que tu tele se ha estropeado después de usarla unas pocas veces. Ese establecimiento estará incumpliendo mis normas. ¿Qué haces?

@Sebas. Bueno, pues trataría de resolver el asunto amigablemente con el vendedor.

@Unión Europea. Sí, esa es la mejor opción. Pero si eso no diera resultado, tendrías que acudir a un juez interno para hacer valer tus derechos frente al establecimiento incumplidor. Y el juez estaría aplicando una norma española que se basa, o trae causa de una norma europea.

@Sonia. Ya veo. El juez español estaría aplicando una norma española que se basa en una norma comunitaria.

@Unión Europea. Así, es Sonia. Te pondré otro ejemplo. Imagínate que una compañía aérea no quisiera indemnizar a un pasajero que ha sufrido un retraso considerable en su vuelo Madrid-Santiago de Compostela. Este derecho está reconocido por una norma comunitaria, un reglamento, que como sabes se aplica directamente en los países sin necesidad de norma de transposición. Tendrías que acudir a un juez interno, español, y reclamar tus derechos. El juez nacional estaría aplicando una norma comunitaria y podría obligar a esa compañía a indemnizar y a cumplir sus obligaciones.

@Martina. Entonces, ¿cuándo una empresa incumple tu derecho, son los jueces del país quienes tiene que obligarla a cumplir?

@Unión Europea. En la mayoría de los casos así es, aunque a veces, el Tribunal de Justicia también puede intervenir, sobre todo cuando las empresas vulneran ciertas normas sobre el derecho de la competencia que rigen el buen funcionamiento del mercado interior, aunque esto es otra historia.

#¿CÓMO APLICAN L@S JUEC@S
INTERNOS EL DERECHO COMUNITARIO?

@Carmen. ¿Y los jueces españoles conocen todo el Derecho comunitario y saben cómo aplicarlo?

@Unión Europea. Pues, mira, Carmen. Deben conocerlo, aunque también las partes en un litigio pueden invocarlo, si lo conocen, para que el juez lo aplique. El problema algunas veces es que el juez interno no sabe cómo interpretar ese derecho. No sabe qué quieren decir mis normas. Es normal, mis normas nacen para ser aplicadas en todos los Estados miembros, y no siempre los jueces internos están familiarizados con la terminología que uso.

@Julio. ¿Y qué hacen los jueces entonces?

@Unión Europea. En esos casos, Julio, existe un mecanismo que han previsto los Tratados para que los jueces puedan resolver sus dudas. Se llama la cuestión prejudicial y se basa en la idea de cooperación judicial. El juez interno, pongamos por caso el juez español, puede dirigirse a una de mis instituciones, el Tribunal de Justicia y preguntarle sobre el sentido de esa norma que no sabe cómo interpretar. La cuestión prejudicial es, como yo digo, una pregunta viajera que va desde un país comunitario hasta Bruselas, donde está la sede del Tribunal de Justicia.

@Julio. ¿Me podrías poner un ejemplo?

@Unión Europea. Claro que sí. Mira, por ejemplo, una vez en Francia se planteó una cuestión relacionada con la indemnización de los pasajeros que vieron cancelado su vuelo. La compañía tuvo que anularlo porque durante el despegue encontró un obstáculo en la pista que averió el tren de aterrizaje del avión. Los pasajeros reclamaban a la compañía una indemnización y la compañía se negaba a pagarla porque decía que el percance no había sido culpa suya, sino un caso fortuito, que según la norma europea exculpaba a la compañía de responsabilidad. La cuestión llegó a los tribunales y el juez francés se preguntaba qué quería decir la norma comunitaria cuando hablaba de caso fortuito. ¿Era este supuesto un caso fortuito?

¿Qué crees que hizo el juez francés en este caso?

@Lourdes. Planteo una cuestión prejudicial.

@Unión Europea. Así es, Lourdes. Se dirigió al Tribunal de Justicia y le planteó la cuestión. Mientras tanto, se suspendió el litigio hasta que dicho Tribunal de Justicia resolvió.

@Valentín. ¿Y qué dijo el Tribunal de Justicia?

@Unión Europea. Pues dijo que, efectivamente, eso era un caso fortuito. Interpretó la norma europea en este sentido.

@Bernabé. ¿Y resolvió el litigio dando la razón a la compañía aérea?

@Unión Europea. No, Bernabé. El Tribunal de Justicia no puede resolver los litigios. Se limita a interpretar la norma europea. Fue el juez francés el que resolvió el litigio, dictaminando que los pasajeros no tenían derecho a la indemnización y dando la razón a la compañía.

@Bernabé. ¿El tribunal francés hubiera podido resolver de otra forma?

@Unión Europea. No, Bernabé. Los jueces internos están obligado a aplicar la norma en el sentido en que la interpreta el Tribunal de Justicia. Su interpretación vincula, no solo al tribunal interno que plantea la cuestión prejudicial, sino también a cualquier otro tribunal que en el futuro tenga que aplicar la misma norma.

@Sandra. Eso está bien, porque así la norma siempre se interpreta y aplica de la misma manera en todos los Estados miembros.

@Unión Europea. Efectivamente, Sandra. Es la razón por la cual está prevista la cuestión prejudicial. Si cada juez aplicara el derecho a su manera, sin poder preguntar las dudas, mi Derecho se disgregaría. Es decir, habría tantas interpretaciones diferentes para una misma norma, que al final sería irreconocible y perdería su identidad. El Tribunal de Justicia garantiza la uniformidad de la interpretación del Derecho europeo y la unidad de su aplicación en todos los países. Ten en cuenta que los sistemas y tradiciones jurídicas varían mucho de unos Estados a otros, y eso hace que se corra el riesgo de que la interpretación de mis normas se aparte de la intención o finalidad para la que fueron concebidas y creadas.

@Alba. Ahora que voy conociendo más cosas sobre ti, creo que sería apasionante poder trabajar en una de tus instituciones.

@Unión Europea. Pues, entonces, querida Alba, pulsa el enlace TRABAJAR EN LA UNIÓN EUROPEA.

TRABAJAR PARA LA UNIÓN EUROPEA

@Leonor. ¿Qué tengo que hacer para trabajar para ti?

@Unión Europea. Hola, Leonor. En mis instituciones trabajan más de 60.000 personas de los 27 países miembros que me componen. Eso quiere decir que hay muchísimas oportunidades de empleo para ti. Lo primero que tienes que saber es qué es lo que quieres hacer y cuáles son tus habilidades. En función de eso, deberías integrarte en una u otra categoría profesional, y ya te adelanto que hay unas cuantas.

#¿QUÉ CATEGORÍAS PROFESIONALES HAY EN LA UNIÓN EUROPEA?

@Serafín. Yo estoy a punto de acabar mi grado en Derecho. ¿Podrías hablarme de cuáles son esas categorías profesionales?

@Unión Europea. ¡Marchando! En mis instituciones se integran las siguientes categorías:

— *Personal permanente.* Son los más numerosos, porque constituyen el grueso de mi personal. Equiva-

len a los funcionarios que tenemos en España, y por eso su nombramiento tiene carácter indefinido. Eso significa que una vez que han aprobado su oposición, podrán trabajar para mí durante toda su vida.
— *Personal contractual.* A diferencia de los funcionarios, en este caso el personal contractual tiene un contrato de trabajo de duración determinada. Realizan tareas manuales o administrativas y se les contrata cuando el número de funcionarios es insuficiente por razones coyunturales, de modo que se recurre a personal adicional para suplir ese déficit de personal. Pero, como te he dicho, Serafín, estos son contratos de duración determinada. Cuando se acaba el contrato, la persona contratada deja de prestarme sus servicios. Los puestos de agentes contractuales se dividen en cuatro grupos:

I. Tareas auxiliares manuales y administrativas (GF I).
II. Tareas de oficina y secretaría, gestión administrativa y equivalentes (GF II).
III. Tareas de ejecución, redacción, contabilidad y tareas técnicas equivalentes (GF III).
IV. Tareas de administración, asesoramiento o lingüísticas y tareas técnicas equivalentes (GF IV).

— *Personal temporal.* Es también personal que se contrata durante un tiempo limitado para realizar sustituciones en mis instituciones y agencias. Por ejemplo, una baja por maternidad cubierta por personal temporal.

— *Personal en prácticas*. Esta opción sería buena para ti, Serafín, cuando hayas acabado tus estudios. Los programas de prácticas se ofrecen a aquellas personas que acaban de terminar sus estudios. Para ello se otorgan becas para realizar un período de prácticas en alguna de las instituciones europeas. Son prácticas remuneradas que suelen oscilar sobre los 1.200 euros.

— Y también hay *expertos nacionales en comisión de servicios*. Este perfil se ofrece a personas que ya son funcionarios en sus países de origen y que tienen una trayectoria y una experiencia reconocida en su país en asuntos comunitarios. Por ello, se les ofrece la posibilidad de que trabajen en mis instituciones durante un tiempo, para que así podamos aprovecharnos de su experiencia. Cuando termina su trabajo, vuelven como funcionarios a su país de origen y así su Administración también puede aprovechar la experiencia adquirida durante el tiempo que han trabajado para mí. Una simbiosis perfecta.

#¿CÓMO PUEDO SER FUNCIONARI@
EN LA UNIÓN EUROPEA?

@Serafín. ¡Por el momento no me veo preparado para ser un experto nacional, ja, ja! Creo que encajo mejor en el perfil de becario, y más adelante, en el de funcionario. ¿Qué opciones tengo?

@Unión Europea. Mira, Serafín, existen tres categorías de personal permanente:

- *Administradores.* Todos los administradores tienen que tener estudios universitarios. Una buena opción para ti.

  Los administradores trabajan en diversos sectores, como la justicia, el Derecho, las finanzas, el medio ambiente y el cambio climático, los asuntos exteriores, la agricultura, la economía, la informática, la comunicación, los recursos humanos, la ciencia, la traducción y la interpretación. Realizan trabajos de análisis y de asesoramiento, tareas de regulación, participan en negociaciones internacionales, contactan con las partes interesadas y los socios, comunica con los ciudadanos, revisan y traducen los textos jurídicos, por citar solo algunas de sus funciones.

  La carrera de administrador abarca varios grados, desde el AD5 hasta el AD16. Por ejemplo, en tu caso que pronto terminarás la universidad, podrías empezar como administrador con un grado AD5. Después, a medida que vayas adquiriendo experiencia en el desarrollo de tus funciones podrás ir subiendo de grado. Los grados AD15 y AD16 están reservados para los directores generales, y después hay una serie de grados intermedios, entre el AD9 y el AD12 que son puestos directivos.

- Los *asistentes* suelen desarrollar funciones ejecutivas o técnicas. La carrera de asistente va del grado AST 1 al AST 11.

- Los *secretarios y personal administrativo* se encargan de tareas de gestión. Son personal de apoyo de los grupos anteriores. Su escala va del grado AST/SC 1 al AST/SC 6.

@Serafín. ¿Qué tengo que hacer para ser personal permanente en tus instituciones? Me encantaría ser funcionario y tener un trabajo de por vida.

@Unión Europea. En primer lugar, tienes que ser ciudadano europeo. Ya sabes, Serafín, que eso quiere decir que tienes que ser nacional de uno de los 27 Estados que me componen. Después, tienes que tener la titulación mínima exigida para el puesto de trabajo al que concurres. Por ejemplo, dentro de poco vas a terminar tu grado en Derecho, de manera que un perfil adecuado para ti sería el de administrador. Como acabarás de terminar tus estudios, y no tendrás experiencia previa, entrarás como administrador en el nivel AD5, y posteriormente, a medida que vayas adquiriendo mayor bagaje, podrás subir en la escala y aspirar a un grupo más elevado. Eso te garantizará un mejor salario.

@Encarna. ¿Y qué hay de los idiomas? ¿Cuántos idiomas debo conocer?

@Unión Europea. Esto está muy bien traído, Encarna. Efectivamente, el entorno de trabajo que yo os ofrezco es multicultural e internacional. Necesitarás entenderte bien con el resto de tus compañeros. Generalmente, se necesitan dos idiomas. Una primera lengua, que puede ser tu lengua materna, respecto de la que se exige un conocimiento amplio y profundo. Esa lengua puede ser cualquiera de mis 24 lenguas oficiales. Y una segunda lengua, para la que se suele pedir un nivel B2, y que, generalmente, suele ser el inglés, o el francés, que son las dos lenguas de trabajo en mis instituciones. Solo en el caso de los puestos de trabajo que tienen un perfil de lingüista (traductores, o intérpretes) es necesario el conocimiento de una tercera lengua.

@Serafín. ¡Ah!, pues, en mi caso solo me hace falta conocer dos lenguas, ya que no opto a un perfil lingüista. Pronto seré graduado en Derecho. Y mi nivel de inglés es un B2 dentro del marco de referencia europeo. Trabajar en la Unión Europea no me parece algo tan imposible, como yo pensaba.

@Unión Europea. Así es, Serafín. Mucha gente desconoce esto, y piensa que trabajar para mí es algo que solo está al alcance de unos pocos. ¡Nada más equivocado! Estoy llena de oportunidades para todos.

@María Jesús. Sí, de acuerdo. Los requisitos de acceso no son tan inalcanzables, pero, qué hay de las pruebas de acceso. ¡Superar esas pruebas sí que será complicado y seguro que hay muchísima competencia!

@Unión Europea. Querida María Jesús, para ser personal permanente (funcionario) en mis instituciones necesitas superar un procedimiento de concurrencia competitiva similar a los procesos de selección de funcionarios que se celebran en tu país. Es decir, que si quieres trabajar para mí tendrás que superar unas pruebas selectivas u oposición. Esas pruebas estarán relacionadas con los conocimientos y experiencia que se demande para el puesto de trabajo para el que optas.

@Gerardo. Entonces, habrá que estudiar mucho para preparar esas pruebas, ¿no?

@Unión Europea. Pues mira, Gerardo, mis oposiciones no requieren que estudies de memoria, porque lo que quiero evaluar son tus aptitudes personales, las habilidades y los conocimientos de los candidatos. Esas aptitudes y habilidades se denominan competencias. Son 8 las competencias que se evalúan y son las siguientes:

— Pensamiento crítico, análisis y resolución creativa de problemas.
— Toma de decisiones y obtención de resultados.
— Gestión de la información (competencias digitales).
— Capacidad de autogestión.
— Trabajo en equipo.
— Aprendizaje.
— Comunicación.
— Espíritu emprendedor dentro de la organización.

El personal de todas mis instituciones debe demostrar que posee estas 8 competencias.

@María José. ¿Y cómo se demuestran estas 8 competencias? ¿Qué tipo de pruebas se realizan para evaluarlas?

@Unión Europea. Buena pregunta, María José, aunque difícil de responder, porque hay mucha casuística. Esas 8 competencias de las que os he hablado constituyen el marco general de referencia para evaluar a los candidatos. Pero para efectuar esa evaluación hay que realizar unas pruebas o exámenes. Para saber exactamente qué tipo de pruebas se van a realizar para un puesto en concreto, es necesario ver qué dice concretamente la convocatoria de esa plaza. Ello variará según el perfil de cada plaza y el tipo de conocimiento que se exige para cada una de ellas.

@Teo. De acuerdo. Hay que estar en cada caso concreto a lo diga la convocatoria, pero, ¿podrías darnos unas ideas generales para que entendamos mejor las pruebas y el proceso?

@Unión Europea. ¡Cómo no, Teo! Bien, lo primero que tienes que hacer es estar atento a las convocatorias que se publican y cuando hayas encontrado aquella que te conviene debes hacer una solicitud para que te consideren como candidato y puedas participar en el proceso de selección. ¡Mucho cuidado con los plazos! Si se pasa el plazo para presentar tu solicitud ya no podrás presentarte como candidato y quedarás fuera del proceso.

Pero, bueno, imagina que has sido muy diligente y has presentado tu candidatura a tiempo. Las pruebas de selección se suelen realizar en tres etapas. Habrá una primera fase en la que se va a examinar tu capacidad de razonamiento verbal, numérico y abstracto. Para ello se realizan distintos test por ordenador que tienen opciones múltiples. Son los llamados CBT (*computer-based tests*). Son las tradicionales pruebas psicotécnicas, pero realizadas desde un ordenador.

Hay también una fase intermedia, en la que los candidatos deberán responder a una serie de preguntas relativas a su formación académica, experiencia profesional y otras cuestiones que determine la convocatoria.

Por último, en la fase final, se evaluarán los conocimientos generales o específicos que requiera el puesto de trabajo al que optas. Aquí tendrás que realizar distintas pruebas como el estudio de un caso práctico para emitir un informe (*case study*), una presentación oral, un ejercicio de grupo y una entrevista para valorar tus competencias.

#¿CÓMO PUEDO SABER SI LA UNIÓN EUROPEA BUSCA FUNCIONARI@S?

@Rita. Has dicho que tenemos que estar atentos a la convocatoria. Pero ¿dónde se publican esas convocatorias?

@Unión Europea. Las convocatorias se publican en el *Diario Oficial de la Unión Europea*, que es está digitalizado. Te dejo aquí un enlace:

https://eur-lex.europa.eu/oj/direct-access.
html?locale=es

@Joaquín. Acabo de echarle un vistazo y es muy complicado aclararse.

@Unión Europea. Sí, ya lo sé. Navegar por el Diario Oficial es muy complejo. Por eso, mira, quiero que conozcas también la Oficina Europea de Selección de Personal (EPSO). El nombre de EPSO viene por sus siglas en inglés, que significan European Personnel Selection Office. Este organismo, que pertenece a mi estructura, se encarga de cubrir mis necesidades de empleo. Su función es reclutar al personal de mis instituciones conforme a los criterios que hemos señalado. Cubre las necesidades de funcionarios públicos del Parlamento, el Consejo, la Comisión, el Tribunal de Justicia, el Tribunal de Cuentas, el Comité Económico y Social, el Comité de las Regiones, el Servicio Europeo de Acción Exterior, el Defensor del Pueblo y el Supervisor Europeo de Protección de Datos. Cada una de esas instituciones contrata personal a partir de la lista de aprobados que le facilita EPSO.

En esta página verás también publicadas las diferentes convocatorias para cubrir plazas de la función pública europea:

https://eu-careers.europa.eu/es

Puedes incluso crearte algunas alertas que te avisarán cuando se convoque alguna plaza que esté dentro del perfil de funcionario público que a ti te interesa.

@Santiago. Esa es una información muy valiosa, Unión Europea. ¿Y el Gobierno español no informa a los ciudadanos de las convocatorias de plazas para la función pública europea?

@Unión Europea. Pues sí, Santiago. ¡Bien preguntado! Ten en cuenta que al gobierno de España le interesa que exista presencia española en las instituciones europeas. Es decir, que sus nacionales ocupen puestos de trabajo, de responsabilidad si es posible, en mis instituciones. Por esa razón existe un servicio que se llama Unidad de apoyo para la presencia de españoles en instituciones de la Unión Europea (UDA). Este servicio, que se integra en la Representación Permanente de España en la Unión Europea, elabora con periodicidad quinquenal una lista de diferentes puestos de trabajo a los que los españoles podáis optar en cualquiera de las categorías de empleo de las que hemos hablado (personal permanente, personal temporal, contratado, expertos, o incluso becarios). Si te suscribes a su lista, periódicamente llegarán a tu correo electrónico las ofertas existentes en la función pública europea.

En esta página puedes ver los datos de contacto:

https://es-ue.org/trabajar-en-la-ue/

También el Ministerio de Asuntos Exteriores, Unión Europea y Cooperación tiene una Unidad de fomento de la presencia española en instituciones de la Unión Europea, con una finalidad similar. Aquí te dejo la información para que te inscribas y puedas recibir toda la información sobre ofertas de empleo en mis instituciones:

https://profesionalesue.maec.es

@Luz. ¿Y qué pasa si finalmente supero esos procesos de selección? ¿Ya seré funcionario?

@Unión Europea. Sí, Luz, casi. Cuando apruebes esta oposición pasarás a tener la condición de laureado.

@Lucía. ¿Laureado? ¿Eso qué es?

@Unión Europea. Un laureado es una persona que ha superado las oposiciones de acceso a la función pública europea. En ese momento pasa a formar parte de una lista de reserva. Cuando mis instituciones, organismos y agencias necesiten personal echarán mano de esa lista para elegir a aquellas personas que vayan a trabajar para ellos. Será en ese momento cuando el laureado firme un contrato indefinido, y pasará a tener la condición de personal permanente, o lo que es lo mismo, cuando pasará a estar a mi servicio y el de mis instituciones como funcionario.

Las oportunidades de empleo son amplísimas y también las de promoción. ¡Tienes todo un futuro por delante si te embarcas en mi organización! Mis funcionarios y empleados tienen una gran misión que cumplir cuando se integran en mis instituciones, porque contribuyen a crear las condiciones para hacer tu vida mejor. ¿Te gustaría saber lo que puedo hacer por ti? Si es así, haz clic en CONTINUAR APRENDIENDO.

LO QUE LA UNIÓN EUROPEA PUEDE HACER POR TI

#LA IGUALDAD DE GÉNERO

@Melisa. Mis padres me dicen que somos una generación afortunada que vivimos mucho mejor que nuestros padres y abuelos. ¿En qué medida crees que has contribuido tú, Unión Europea a este bienestar?

@Unión Europea. ¡Hola, Melisa! Pues yo creo que he contribuido a tu bienestar, fundamentalmente, porque he logrado crear unos intereses comunes entre los países miembros que forman parte de mi estructura que han evitado conflictos y guerras entre ellos. La paz es el componente esencial para el progreso y el bienestar. En condiciones de paz como las que hemos disfrutados en el continente durante los últimos 70 años hemos ido creando y sumando nuevos intereses, nuevos objetivos que nos han convertido en un referente mundial en muchos aspectos. Tenemos un mercado poderoso, una moneda única potente que compite con el dólar, somos un referente de la democracia, de la lucha contra el cambio climático y de la lucha contra las desigualdades y somos el mayor donante humanitario del mundo. En un entorno seguro y democrático, la economía prospera, las personas viven en libertad y no temen por la vulneración de sus derechos fundamentales. Las personas se realizan y consiguen sus metas. Es un entorno que favorece la igualdad de oportunidades y la realización personal de los individuos. ¡A quién no le gustaría vivir en un entorno como este!

@Victoria. Sí, desde luego son unas condiciones de vida envidiables, pero sigue existiendo la pobreza, el paro y la desigualdad.

@Unión Europea. Claro que sí, Victoria. Sería utópico pensar que todas esas lacras pueden erradicarse en su totalidad. Lo que sí puedo decirte es que mis instituciones y yo, y también mis funcionarios, trabajamos para reducir todos esos problemas con la finalidad de lograr una sociedad más inclusiva y más justa. Las políticas sociales son una prioridad para mí.

#¿QUÉ HACES POR LA IGUALDAD ENTRE HOMBRES Y MUJERES?

@Marta. ¿Qué opinas de la igualdad de género? ¿Has hecho algo para reducir las desigualdades entre hombres y mujeres?

@Unión Europea. ¡Hola, Marta! Me alegro de que me hagas esa pregunta porque es una de las cuestiones a las que he dedicado más energía durante mi larga vida. Te diré que esa es una preocupación que ya tenían presentes los Estados que me crearon en 1958, puesto que en el Tratado de Roma ya reconocía el derecho a la igualdad salarial entre hombres y mujeres.

@Cintia. ¿Y alguna vez alguien se ha dirigido a ti para reclamar esa igualdad?

@Unión Europea. Pues, sí, Cintia, muchas veces, pero una de las primeras fue en 1976 cuando una azafata belga presentó una demanda contra su empresario por la discriminación en la retribución que percibía en relación con la de sus compañeros de sexo masculino que realizaban el mismo trabajo. El Tribunal de Justicia decidió que esta discriminación era contraria a la disposición del Tratado que establece el principio de la igualdad de retribuciones entre trabajadores y trabajadoras para un mismo desempeño. Como puedes ver, el Tratado de Roma ya fue pionero en defender la igualdad salarial entre hombres y mujeres. Y eso en un momento en el cual muchos países ni siquiera tenían legislación interna que reconociera este derecho.

@Carolina. Sí, pero ese artículo del Tratado, ¿a quién obliga? ¿Puede eso impedir que, en España, o en cualquier otro Estado miembro las mujeres puedan sufrir discriminación?

@Unión Europea. Esta pregunta que me haces, Carolina, es muy técnica y difícil de explicar. Pero, de manera resumida y simple te diré que ese artículo del Tratado de Roma obliga a los Estados miembros y también a los empleadores o empresarios de esos países cuando contratan trabajador@s. Mira, normalmente los Tratados obligan a los Estados que los firman, pero algunos artículos son también de directa aplicación a las empresas y a los particulares. Y ese precepto es un buen ejemplo. Los Tratados son de directa aplicación a los ciudadanos y empresas cuando el contenido de sus disposiciones lo permite.

@Verónica. Desde luego ese fue un paso fundamental en la lucha contra la desigualdad. ¿Qué más logros se han ido consiguiendo?

@Unión Europea. El Tribunal de Justicia ha hecho una gran labor al reconocer, por ejemplo, la improcedencia de un despido vinculado al embarazo. Este fue el caso de una mujer que fue despedida al no poder seguir trabajando por problemas relacionados con la gestación. En 1998, el Tribunal de Justicia declaró dicho despido contrario al Derecho comunitario. Consideró que el despido de una trabajadora producido durante el embarazo y motivado por ausencias debidas a una enfermedad derivada del mismo supone una discriminación ilícita por razón de sexo. Recuerda que uno de los valores que me definen es el de no discriminación, que también es un derecho de los ciudadanos.

@Nati. ¿Y qué estás haciendo ahora mismo para conseguir la igualdad de género?

@Unión Europea. Pues mira, Nati, la presidenta de la Comisión Úrsula von der Leyen está muy comprometida con este tema y quiere conseguir una Unión de la igualdad. Para ello se ha puesto como plazo 2025. ¿Sabes qué es lo que quiere conseguir?

@Vicenta. Me lo imagino. Creo que lo que quiere es eliminar todos aquellos obstáculos que impidan a las mujeres prosperar y conseguir una igualdad real con los hombres en todos los ámbitos.

@Unión Europea. Muy bien dicho, Vicenta. Ese es su objetivo. Fíjate bien que, en un principio, el Tribunal de

Justicia intentó conseguir la igualdad en el plano laboral, allá por 1976, como te he contado. Sin embargo, el ámbito laboral no es el único frente que hay que atacar. También es importante que se consiga una igualdad social, económica, política. Esos objetivos más concretos pasan por poner fin a la violencia de género, combatir los estereotipos de género, erradicar las brechas de género en el mercado de trabajo, conseguir una participación igualitaria en los distintos sectores de la economía, abordar la brecha salarial y de pensiones entre hombres y mujeres, disminuir las diferencias de género en las responsabilidades asistenciales y equilibrar la participación de hombres y mujeres en la toma de decisiones y la actividad política.

@Joaquín. ¿Y todo eso qué quiere decir exactamente?

@Unión Europea. Pues quiere decir que no basta con reconocer la igualdad en el entorno laboral, sino que es necesario dar un paso más y permitir que las mujeres tengan una mayor presencia e influencia en nuestro mundo. En el ámbito político, por ejemplo, te habrás fijado que, en la mayoría de los países, los Primeros Ministros, o Jefes de Estado, es decir, las personas que tienen la máxima responsabilidad política en los países son hombres. Y ello se debe a unos estereotipos que están muy enraizados en la sociedad. Por ejemplo, en las labores asistenciales de cuidado de familiares dependientes, hijos, etc., suelen ser las mujeres las que asumen la responsabilidad en una gran cantidad de casos. A eso me refiero cuando hablo de luchar contra los estereotipos, a dejar de arrastrar ciertas ideas preconcebidas que restringen el papel de la mujer al ámbito doméstico y le impiden avanzar.

@Catalina. Sí, creo que tienes razón. La mayoría de los dirigentes políticos son todavía hombres.

@Unión Europea. Así es, Catalina. Y ello ocurre así incluso en nuestro entorno europeo, a pesar de estar comprometidos con la igualdad y de tener políticas paritarias. Fíjate, por ejemplo, en la composición del Consejo Europeo. Supongo que te acuerdas, pero por si acaso, te recuerdo que el Consejo Europeo es una de mis instituciones, y que está formada por los Jefes de Estado y/o de Gobierno de los Estados miembros. Es decir, está formado por los «mandamases» de cada país. ¿Sabes cuántas mujeres forman parte del Consejo Europeo?

@Merche. No, pero me lo puedo imaginar.

@Unión Europea. Pues has acertado, Merche. De los 27 países miembros que me conforman, solo cuatro tienen Jefas de Estado y/o de Gobierno. Seguro que adivinas cuáles. En efecto, son Suecia, Finlandia, Estonia y Dinamarca. Y ha habido ocasiones en que la única mujer presente en el Consejo Europeo ha sido Ángela Merkel.

@Enric. ¿Y qué hay de Úrsula von der Leyen?

@Unión Europea. Sí, ella es la presidenta de la Comisión, y en su condición de presidenta de esta institución también forma parte del Consejo Europeo. Pero yo estaba hablando de los Jefes de Estado y/o de Gobierno de los países miembros. Repito, solo cuatro son mujeres. Cuando las mujeres no participan por igual en la política, la ciencia, la cultura, la sociedad, estamos utilizando solo la mitad del talento de la humanidad.

Avanzar en la igualdad probablemente signifique que de ahora en adelante podamos avanzar el doble de lo que lo hemos hecho hasta ahora.

@Ana. Todo eso está muy bien, pero, ¿qué acciones concretas has adoptado para conseguir todas estas metas?

#LA ESTRATEGIA PARA ALCANZAR LA IGUALDAD DE GÉNERO

@Unión Europea. En primer lugar, lo que he hecho ha sido trazar un plan y recoger todos esos objetivos por escrito. Ese plan lo he llamado la Estrategia para alcanzar la igualdad de género 2021-2025. Y poco a poco voy desarrollando ese plan con acciones y normas más concretas. Por ejemplo, uno de mis últimos avances ha sido una propuesta de directiva para combatir la violencia contra las mujeres y la violencia doméstica. Lo que pretendo es armonizar la legislación penal de los diferentes Estados en lo que se refiere a la violencia doméstica. Es decir, que todos los Estados tengan una normativa parecida a la hora de sancionar el delito de violencia de género. Eso facilitará mucho las cosas a la hora de exigir responsabilidad a las personas que ejerzan este tipo de violencia. Ya sabes que cada vez son más frecuentes las parejas intercomunitarias, de modo que si los Estados se comprometen a aproximar las normas penales en esta materia será más fácil dar una respuesta penal uniforme al maltrato y facilitará la ejecución de las sentencias penales que se impongan, incluso cuando el condenado esté residiendo en un país distinto a aquel en el que cometió el delito.

@Úrsula. ¿Crees que esa igualdad real está próxima a conseguirse?

@Unión Europea. Para ser francos, yo creo que queda un largo camino por recorrer. Si quieres te lo explico con algunos números. Según las cifras que manejo, en la actualidad el 33% de las mujeres de mis Estados miembros han sufrido violencia física y/o sexual, el 22% de las mujeres de la UE ha sufrido violencia doméstica, el 55% ha sido víctima de acoso sexual y es más probable que las mujeres sean víctimas de acoso sexual en Internet que los hombres.

@Concha. Y en el ámbito laboral, ¿han mejorado las condiciones de trabajo de las mujeres?

@Unión Europea. Me temo, Concha, que los datos siguen sin ser muy esperanzadores. Te doy más datos. Las mujeres del ámbito comunitario ganan, por término medio, un 16% menos por hora que los hombres; solo el 67% de ellas trabaja, frente al 78% de los hombres; por término medio, las pensiones de las mujeres son un 30,1% más bajas que las de los hombres y el 75% de las tareas domésticas y de los cuidados no remunerados los realizan mujeres.

@Maica. ¡Vaya! Pues no parece que lo vayas a tener nada fácil. ¿Y qué hay del liderazgo de las mujeres? Algo nos has comentado ya, cuando te has referido a la composición del Consejo Europeo, pero, ¿tienes más datos?

@Unión Europea. Claro, Maica. Yo siempre funciono con datos y cifras contrastadas. Mira, solo el 7,5% de los presidentes de consejos de administración y el 7,7% de los ejecutivos son mujeres; solo el 22% de los programadores de inteligencia artificial son mujeres; solo el 39% de l@s eurodiputad@s del Parlamento Europeo son mujeres.
Con estas cifras, comprenderás que toda acción es poca.

@Marisa. Y también hará falta destinar más recursos para promover el papel de la mujer en la sociedad, ¿verdad?

@Unión Europea. ¡Desde luego! En mi presupuesto para 2021-2027 se van a financiar proyectos relacionados con la igualdad de género a través de una serie de programas que incluirán subvenciones específicas con cargo al programa Ciudadanos, Igualdad, Derechos y Valores y otras con cargo a los grandes fondos estructurales, sociales y de cohesión.

Todo ello con una finalidad: potenciar y poner en valor el papel de la mujer, pero también conseguir el progreso de una sociedad que aproveche el talento y el potencial de la otra mitad de la población.

#PROMOVER LA IGUALDAD ENTRE
LOS ESTADOS Y LA COHESIÓN SOCIAL

@Isaac. ¿Y cuál es tu papel en la lucha para promover un mundo y una sociedad más justa?

@Unión Europea. Buenos, Isaac, aquí también hay mucho que hacer todavía. Fíjate que hablamos de la erradicación de la pobreza, la reducción de las desigualdades y de promover unas condiciones de trabajo justas.

@Isaac. Sí, a eso me refiero precisamente. Algunos de esos objetivos forman parte también de los objetivos del milenio de Naciones Unidas. Supongo que son temas que a ti también te preocupan.

@Unión Europea. Pues, sí, Isaac, esos temas forman parte de mi ADN y han sido una preocupación para mí casi desde el momento mismo de mi creación. En un principio, porque algunos de esos objetivos eran requisito indispensable para desarrollar el mercado común. Después, porque he adoptado una perspectiva mucho más ambiciosa, centrada no solo en el interior de mis fronteras, sino también fuera de ellas. Aquí, por ejemplo, puedo hablarte de mis acciones para la Cooperación al Desarrollo y Ayuda Humanitaria.

@Elías. ¡Vale, vale, Unión Europea! No te embales. Explícanos las cosas despacio para que las podamos entender.

@Unión Europea. ¡Hecho! Voy por partes. Mira, voy a hablarte primero de mi interés por resolver las desigualdades que todavía existen en el ámbito comunitario. Desde siempre he luchado para disminuir de las diferencias que existen entre los niveles de riqueza de mis Estados miembros y sus regiones. Tú sabes que son 27 países los que me integran, cada uno de ellos con sus propias peculiaridades y características. Tenemos países de lo más variopintos. Desde aquellos que tienen la condición de Estados fundadores, hasta aquellos que se han integrado posteriormente y que previamente a su adhesión habían vivido bajo el paraguas de los regímenes comunistas, como Polonia, Rumanía, Bulgaria... ¡Y todos hemos oído decir que Alemania es la locomotora de Europa! Eso puede darte una idea de la variedad de situaciones que se dan en el entorno comunitario.

Lógicamente todas estas circunstancias influyen en la riqueza y desarrollo de mis Estados miembros. Ya sabes que la riqueza de los países se mide con variables como el Producto Interior Bruto (PIB), o el nivel de renta per cápita. Normalmente, los últimos países en incorporarse han sido países más pobres en comparación con aquellos que ya formaban parte de mi club. Y mantener esas desigualdades no es conveniente para el funcionamiento del mercado interior.

@Serafín. ¿Y eso por qué?

@Unión Europea. Pues porque el mercado interior se basa en un intercambio de bienes, productos y servicios, de forma que las transacciones fluyan libre, naturalmente y sin obstáculos. Si se mantienen las desigualdades entre el nivel de riqueza de los Estados, esa reciprocidad en la oferta y demanda de productos, bienes o servicios no será factibles, y tampoco habrá equilibrio en el movimiento de los trabajador@s. Mira, te pongo un ejemplo. Cuando en 2007 se incorporan a mi club Bulgaria y Rumanía, la situación económica de estos países con respecto a aquellos que ya eran países comunitarios hizo temer un flujo migratorio de ciudadanos procedentes de aquellos países. Es normal que ciudadanos búlgaros o rumanos quisieran desplazarse buscando mejores condiciones de vida y de trabajo. Por eso, se estableció una moratoria de 2 años desde la incorporación de Bulgaria y Rumanía, durante la cual, la libre circulación de ciudadanos quedo suspendida, a la espera de que la situación económica de esos países fuera mejorando y aproximándose a la del resto de los países del entorno.

@Marcelo. ¡Ya veo! Lo que querías es reducir las disparidades entre estos países.

@Unión Europea. Efectivamente, así es. Uno de mis objetivos es reducir las disparidades entre los Estados que me integran y lograr la convergencia entre ellos y sus condiciones económicas y sociales. Esto es un requisito fundamental para el buen funcionamiento del mercado interior. A eso se le llama la política de cohesión. Y busca aproximar el nivel de riqueza y desarrollo de los países comunitarios menos desarrollados al de aquellos países más ricos. La idea es lograr una cierta equiparación entre ellos.

#Los fondos europeos

@**Paz.** Y eso, ¿cómo se consigue?

@**Unión Europea.** Pues, mira, Paz, eso se consigue ayudando a aquellos países más desfavorecidos a que prosperen para que poco a poco vayan equiparándose, o al menos aproximándose a los países más favorecidos económicamente. Es evidente que no todos mis Estados pueden lograr un mismo nivel de riqueza y desarrollo, pero al menos, hay que trabajar para que las disparidades que existan entre ellos no sean de tal envergadura que puedan distorsionar el funcionamiento del mercado único.

@**Paz.** Entonces, ¿cómo les ayudas? ¿Les das dinero?

@**Unión Europea.** Efectivamente, Paz. Les doy dinero. Hay unos instrumentos financieros que se llaman fondos europeos. Probablemente hayas oído hablar de ellos y ahora te daré más detalles. Pero antes, déjame decirte que las ayudas económicas comienzan incluso antes de que se produzca la adhesión del país. Te acuerdas que antes hemos hablado de los diferentes estatus por los que atraviesa un país antes de ser miembro de mi club. Te los recuerdo: potencial candidato (cuando aún no ha llamado a mi puerta solicitando la adhesión), candidato (cuando ha llamado a mi puerta, se ha aceptado su solicitud de adhesión y he empezado a negociar con ellos las condiciones de su integración) y finalmente Estado miembro (cuando han finalizado las negociaciones y estas han llegado a buen puerto).

Bien, pues antes incluso de la adhesión formal del país, algunos Estados ya empiezan a recibir ayuda para que vayan iniciando las transformaciones necesarias, en lo económico, en lo político y en lo administrativo, que les permitan cumplir en el futuro con las condiciones necesarias para la adhesión (los criterios de Copenhague, como ya imaginas). Esto se realiza a través de Acuerdos de Asociación, que van preparando el terreno para hacer posible su futura integración. Por ejemplo, Ucrania en este momento está recibiendo ya estas ayudas.

#El Fondo de Cohesión

@**Soraya.** De acuerdo, Unión Europea. Eres muy previsora y te adelantas a las situaciones. Pero, cuéntame, ¿qué pasa cuando un país ya se ha integrado en tu estructura? Quiero decir, cuando ya es un Estado miembro.

@**Unión Europea.** Sí, Soraya. En ese momento, el país es receptor de los llamados Fondos europeos, que son unos instrumentos financieros destinados a ayudar a los países a que realicen inversiones que generen riqueza y crecimiento. Así, por ejemplo, los Fondos de Cohesión, que se otorgan a los países cuyo nivel de renta es claramente inferior al de la media del resto de los países comunitarios. El Fondo de Cohesión está destinado a los Estados miembros cuya renta nacional bruta per cápita es inferior al 90 % de la renta media de la Unión. Coloquialmente se le ha llamado «el fondo de los pobres». Con esto puedes hacerte una idea de su finalidad.

Por ejemplo, para que te hagas una idea, entre los años 2014 y 2020, el Fondo de Cohesión se otorgó a países como Bulgaria, Croacia, Chipre, Eslovaquia, Eslovenia, Estonia, Grecia, Hungría, Letonia, Lituania, Malta, Polonia, Portugal, República Checa y Rumanía. ¡Estos países se han repartido en este período un total de 63.400 millones de euros! No es poca cosa, ¿verdad?

@Fernando. ¿Entonces, España ya no recibe Fondos de Cohesión?

@Unión Europea. No, España ya no recibe los Fondos de Cohesión, aunque durante años se ha Estado beneficiando de ellos. En parte, eso ha hecho que su nivel de renta se haya equiparado al de la media de los países comunitarios. Fíjate, sin embargo, que Portugal, que entró en mi club al mismo tiempo que España, todavía sigue siendo receptor de estos fondos.

@Alfredo. ¿Y qué pueden hacer los países con el dinero que reciben a través de los Fondos de Cohesión? ¿Pueden hacer lo que quieran, o tienen que destinarlo a algo en concreto?

@Unión Europea. No, Alfredo. No pueden destinarlo a cualquier cosa. Ya sabes que el Fondo de Cohesión tiene una finalidad muy concreta, y que, por tanto, hay que destinarlo a acciones y actividades que contribuyan al desarrollo socioeconómico del país. En concreto, los Fondos de Cohesión se condicionan a la realización de redes transeuropeas y también a proyectos relacionados con la energía y el transporte, pero que beneficien el medio ambiente. Por ejemplo, proyectos que promuevan la eficiencia energética y que apuesten por el uso de energías renovables.

#Las redes transeuropeas

@Eugenio. ¿Redes trans…, qué?

@Unión Europea. Redes transeuropeas, Eugenio. ¿Verdad que el nombre es un poco farragoso? Las redes transeuropeas son las redes de transporte, energía y telecomunicaciones que conectan a los países europeos. ¿Verdad que hemos hablado del mercado único como uno de mis grandes logros? Bueno, pues para que se produzca ese intercambio de productos, bienes y servicios tiene que haber buenas comunicaciones, ¿no? Las redes de transporte y de comunicación entre los países europeos tienes que estar bien conectadas para que fluya el intercambio de bienes.

Igualmente, la libre circulación de personas y de trabajador@s exige también buenas infraestructuras de transporte y comunicación. ¿Y qué decir de las infraestructuras de energía? Los oleoductos o gaseoductos, por ejemplo. Lamentablemente, en las circunstancias actuales nos estamos dando cuenta de la importancia de estas redes, ahora que algunos países están teniendo problemas para abastecerse de gas debido a la guerra de Rusia con Ucrania.

Todas estas interconexiones territoriales son las redes transeuropeas, y es evidente que los nuevos países que se integran en mi club tienen esa asignatura pendiente. Por eso se les ayuda, para que puedan «cogerse al tren» y no se queden atrás. Nunca mejor dicho lo de «coger el tren». :D

Igualmente, para el desarrollo de su industria es preciso que estos países inviertan en infraestructuras de transporte, energía y comunicación a nivel interno, porque son factores de producción claves para el desarrollo económico de los países. Bueno, pues a estas inversiones se destinarán los Fondos europeos de Cohesión.

¡Pero, ojo! Estas inversiones están sujetas a criterios medioambientales. Del medio ambiente te hablaré después, pero debes de saber que el desarrollo económico no debe conseguirse de cualquier manera y a cualquier precio. Debe de conseguirse desde la perspectiva del llamado desarrollo sostenible, es decir, teniendo en cuanta la economía y su crecimiento, pero también cuidando el medio ambiente y cuidando a las personas, para que nadie se quede atrás, ni laboral, ni socialmente. Después verás que el medio ambiente es una prioridad para mí y una política transversal. Eso quiere decir que en cualquier cuestión o materia sobre la que legislo, siempre tengo en cuenta la protección del medio ambiente y de las personas.

@**Rogelio.** ¿Y durante cuánto tiempo pueden beneficiarse los países de estos Fondos de Cohesión?

@**Unión Europea.** Pues no hay un período estipulado. Los Estados dejan de percibir esos fondos cuando su renta interior bruta está por encima del 90% de la media. Por ejemplo, para que te hagas una idea, España ha Estado recibiendo esos fondos desde su integración, en 1986, hasta el año 2013. En el período 2007-2013 recibió 26.600 millones de euros en Fondos de Cohesión. Según un informe de la Comisión Europea esto contribuyó a crear 75.000 empleos, construir 763 kilómetros de vías de tren y 510 de carreteras, o a llevar la banda ancha e instalaciones de tratamiento de aguas residuales a más de dos millones de personas.

@Lucio. ¡Son cifras apabullantes! Debes estar muy orgullosa, ¿no?

@Unión Europea. Sí, desde luego. Son cifras muy positivas.

#Los Fondos de Desarrollo Regional (FEDER)

@Ernesto. Pues yo, paseando por mi ciudad, he visto carteles en algunas obras públicas donde está tu bandera y también pone Fondo Europeo de Desarrollo Regional (FEDER).

@Unión Europea. Esa es muy buena observación, Ernesto. Los fondos FEDER son también fondos europeos que contribuyen a disminuir disparidades económicas y que pretenden conseguir un objetivo de convergencia, como hemos dicho antes.

@Yago. Entonces, ¿cuál es la diferencia con los Fondos de Cohesión?

@Unión Europea. La diferencia, Yago, es que el Fondo de Desarrollo Regional (FEDER), no se fija tanto en las desigualdades entre los países como en las desigualdades entre las regiones que componen esos países. Mira, vamos a poner el ejemplo de España. ¿Tú crees que todas las regiones españolas tienen el mismo grado de desarrollo y de riqueza económica?

@Yago. Pues yo creo que no. Por eso nuestra Constitución apela a la solidaridad entre las regiones. Porque no todas son iguales.

@Unión Europea. ¡Correcto! Así es Yago. Y ese mismo principio está presente en mi filosofía también. Solidaridad entre los países y sus regiones y convergencia en unas metas de desarrollo y de calidad de vida de mis ciudadanos.

@Luis. ¿Y cómo funcionan los fondos FEDER?

@Unión Europea. Mira, Luis, los fondos FEDER se otorgan a todas las regiones, tanto a las que están más desarrolladas, como a aquellas que lo están menos. Y cofinancian inversiones destinadas al desarrollo y mejora de esas regiones. Cofinanciar quiere decir que los fondos europeos sufragan una parte de la inversión, y la otra parte se sufraga con fondos nacionales. Cuanto más desarrollada está la región menos porcentaje de fondos europeos recibe para costear sus infraestructuras e inversiones y mayor es el porcentaje que tiene que sufragarse con fondos nacionales.

@Lorenzo. ¿Y cuántas categorías de regiones existen?

@Unión Europea. Mira, Lorenzo, las regiones de los países comunitarios se dividen en tres categorías:

— las regiones más desarrolladas, con un PIB per cápita superior al 90 % de la media de la Unión;

— las regiones en transición, con un PIB per cápita situado entre el 75 y 90% de la media de la Unión;
— las regiones menos desarrolladas, con un PIB per cápita inferior al 75% de la media de la Unión.

En un mismo país pueden existir las tres categorías de regiones, como ocurre en España. Estos fondos se fijan, sobre todo en aquellas regiones que tienen desventajas geográficas, por ser montañosas y de difícil acceso, por su insularidad, por ser regiones muy septentrionales, o con baja densidad de población... Es decir, por ser regiones desfavorecidas.

@Silvia. ¿Y a qué se dedican los fondos FEDER?

@Unión Europea. Pues, mira, Silvia, su finalidad es, como he dicho contribuir a la mejora y al desarrollo de las regiones, fijándose especialmente en aquellas menos desarrolladas, o en declive industrial. Por ejemplo, imagínate que se promueve el uso de energías renovables y no contaminantes. Eso quiere decir que el carbón es una materia prima cuyo empleo tenderá a reducirse. Sin embargo, hay regiones en España que tradicionalmente han vivido de la minería del carbón. Asturias, por ponerte un ejemplo. Si su medio de vida desaparece, esas regiones van a entrar en declive, y con ellas sus habitantes, que perderán su medio de vida. Es por eso que se intenta reconvertir esas regiones para que orienten su actividad y sus recursos a otras actividades, como el turismo, la generación de energías renovables, etc.

Con estos objetivos generales en mente, las actividades que se subvencionan con estos fondos pueden variar en función de las necesidades y las circunstancias de cada momento. Por ejemplo, actualmente los fondos FEDER se dedican a inversiones que tienen que ver con la investigación y la innovación; tecnologías de la información y de las comunicaciones; el apoyo a las pequeñas y medianas empresas (pymes), o promoción de una economía hipo carbónica.

#El Fondo Social Europeo

@**Ainhoa.** Todo eso está muy bien, Unión Europea. Pero, aparte de lo que haces por las regiones o los países más desfavorecidos, ¿qué hacer por las personas?

@**Unión Europea.** Pues mira, Ainhoa, yo siempre he Estado muy comprometida con las personas y su nivel de vida. En mis inicios, cuando todavía no tenía ciudadanos europeos, los trabajador@s fueron siempre un motivo de preocupación para mí. Garantizar unas buenas condiciones de trabajo para ellos, con independencia del lugar donde desarrollaran su actividad y la igualdad de condiciones laborales con los nacionales de los Estados a los que se desplazaban para trabajar estuvieron siempre entre mis prioridades. Y a medida que iba alcanzando la mayoría de edad, mi preocupación por las cuestiones sociales fue aumentando, de manera que mi política social es ahora una seña de identidad que me define. El pilar europeo de derechos sociales establece veinte principios y ciertos derechos para promover unos mercados de trabajo que funcionen bien y sean justos. Con ese pilar de los derechos sociales, básicamente busco la igualdad de oportunidades y de acceso al mercado de trabajo, unas condiciones laborales justas y protección e inclusión social en todos los países de mi entorno.

@Pedro. Pero ¿hay algún fondo europeo que ayude directamente a las personas?

@Unión Europea. ¡Claro, Pedro! Cómo iba a olvidarme de vosotros. De todas formas, debes tener en cuenta que todas estas ayudas financieras de las que hemos Estado hablando repercuten siempre directa, o indirectamente en la mejora del nivel de vida de las personas. Por ejemplo, una de las formas que tienen los fondos FEDER de apoyar la convergencia entre las regiones es fortaleciendo el mercado laboral de esas regiones a través de inversiones en crecimiento. También te puedo decir, que cuando a través de los Fondos de Cohesión se consigue elevar el producto interior bruto de un país, ello tiene una repercusión indudable en el nivel de vida de sus ciudadanos. Ten en cuenta que los destinatarios de mis políticas y de mis acciones sois siempre vosotros, Pedro.

Dicho esto, también quiero decirte, que efectivamente, hay un fondo europeo que está destinado directamente a las personas y a promover sus condiciones de acceso al mercado laboral. Porque el acceso a un trabajo justo y bien retribuido es la mejor forma de conseguir la cohesión social, ya que contribuye a disminuir las desigualdades sociales y a la erradicación de la pobreza. ¿Has oído hablar del Fondo Social Europeo (FSE)?

@Natividad. Sí, claro. Creo que, en mi pueblo, algunas personas que no tienen trabajo, son contratadas por el Ayuntamiento con cargo a esos fondos.

@Unión Europea. Sí, es posible, Natividad. El Fondo Social Europeo está previsto para crear empleo, crear mejores oportunidades de laborales para l@s trabajador@s, ayudarles a acceder al mercado laboral, o a su reinserción laboral cuando pierden su trabajo. Por ejemplo, imagínate un trabajador que pierde su empleo porque la industria de la minería ha dejado de estar activa en su región. ¿Cómo va a conseguir ese trabajador un puesto de trabajo si durante toda su vida se ha dedicado a trabajar como minero? Las ayudas a la reconversión laboral le permitirán formarse para desarrollar otro empleo que lo integre nuevamente en el mercado de trabajo. Así, ese minero que ha perdido su empleo puede volver a formarse para desempeñar otra actividad con cargo al Fondo Social Europeo. Seguramente en la región vayan a hacer falta guías rurales. Ten en cuenta que esa región probablemente habrá recibido fondos FEDER para reorientar su actividad a otro sector. Por ejemplo, el turismo rural, aprovechando la belleza de los paisajes asturianos. Los fondos FEDER y el FSE funcionaran así en sinergia.

@Sebas. ¿Y qué hay de nosotros, los estudiantes que un día nos incorporaremos al mercado laboral?

@Unión Europea. Pues vosotros, Sebas, también sois un colectivo al que van dirigidos estos fondos, apoyando vuestra integración en empresas y propiciando vuestra transición de estudiantes a trabajador@s. Y también a los colectivos vulnerables, como mujeres maltratadas, o personas en riesgo de exclusión social.

Una sociedad cohesionada solo puede conseguirse creando unas condiciones de trabajo justas e igualitarias, y promoviendo una igualdad de oportunidades para todos que permita la inserción y la inclusión social. A eso se dirige el Fondo Social Europeo.

@Gemma. ¿Y cómo puedo conseguir yo el acceso a esas ayudas? ¿Puede pedírtelas a ti directamente, Unión Europea?

@Unión Europea. No, Gemma. Las cuantías que integran el Fondo Social Europeo se reparten entre los países y son ellos quienes las gestionan y las reparten entre sus Administraciones. Por ejemplo, en el caso de España, entre Comunidades Autónomas y ayuntamientos. Por eso antes me has dicho que tu ayuntamiento contrataba personas desempleadas con cargo a estos fondos.

#La ayuda al desarrollo y la cooperación internacional

@Pili. Ya entiendo. Puedo ver cómo contribuyes a crear una sociedad justa en los países que forman parte de tu club. Pero, qué hay de los países en vías de desarrollo que hay en África, por ejemplo. ¿Haces también algo por ellos?

@Unión Europea. ¡Claro, Pili! Ya hemos hablado antes de uno de los principios que me caracterizan: el de la solidaridad. En la medida en que puedo, también trato de exportar esos principios al resto del mundo.

@Anaïs. ¿Y de qué forma lo haces?

@Unión Europea. Pues, lo hago a través de mis políticas de Ayuda al Desarrollo y Cooperación Internacional. Con estas políticas trato de ayudar a aquellos países que lo necesitan. Y lo hago en colaboración con mis Estados miembros. Mira, te daré un dato, mis Estados miembros y yo somos los mayores donantes mundiales de ayuda al desarrollo y de cooperación.

#LA PROTECCIÓN DEL MEDIO AMBIENTE

@Adrián. ¿Y qué hay del medio ambiente? Actuar en esta materia también es clave para asegurarnos una mejor calidad de vida, ahora y en el futuro.

@Unión Europea. Totalmente de acuerdo contigo, Adrián. No hay duda. Para empezar, te diré que mi legislación tiene los estándares de calidad más altos del mundo. Mis normas medioambientales son muy exigentes. Soy parte de la mayoría de los Acuerdos Internacionales sobre medio ambiente, y, por tanto, tengo el compromiso de integrar sus disposiciones en mi legislación.

#¿CÓMO INFLUYEN LAS CUMBRES DEL CLIMA EN TU LEGISLACIÓN?

@Sefa. ¿A qué acuerdos internacionales te refieres?

@Unión Europea. Pues, hoy por hoy hay unos cuantos, ¿sabes? Aunque no siempre consiguen los efectos que se proponen, quiero que sepas que el medio ambiente es un tema global, que requiere del compromiso de todos los países. No se puede tratar de manera aislada, y de eso son perfectamente conscientes los Estados. Seguro que si te cito algunos de esos acuerdos internacionales te resultarán familiares. Por ejemplo, ¿te acuerdas de que en el año 2021 se celebró en Glasgow una conferencia de Naciones Unidas sobre cambio climático que se llamó COP26 a la que asistió Greta Thunberg?

@Aurora. Sí, le llamaban la Cumbre del Clima.

@Unión Europea. Así, es, Aurora. En ella se debatió sobre cómo impedir el aumento de la temperatura global del planeta y como reducir el volumen de emisiones a la atmósfera. La Conferencia de las Partes (COP por sus siglas en inglés) es la Cumbre Anual que realiza la Convención Marco de las Naciones Unidas sobre el Cambio Climático, donde se reúnen 196 países y yo misma. A los asistentes a esa conferencia no llaman las Partes. Cada año se celebra una COP y ya vamos por 28. Acuérdate que la COP25 se celebró en Madrid.

La Convención Marco se firmó en el año 1992 y algunas de sus conferencias anuales han dado lugar a acuerdos internacionales muy importantes. Por ejemplo, el Protocolo de Kioto, que limita las emisiones de CO2 en los países desarrollados. O el Acuerdo de París, firmado en 2016 y que pretende reducir de forma sustancial las emisiones mundiales de gases de efecto invernadero y limitar el aumento global de la temperatura en este siglo a 2 grados Celsius, al tiempo que busca medios de limitar la subida todavía más, a 1,5 grados.

@Esteban. ¿Y qué tiene todo eso que ver contigo, Unión Europea?

@Unión Europea. Pues tiene que ver, porque yo soy una de las Partes que interviene en esas conferencias y también he firmado esos Acuerdos internacionales que me comprometen a adoptar una legislación dirigida a luchar contra el cambio climático, que es la mayor amenaza medioambiental a la que nos enfrentamos.

Tengo que respetar esos compromisos internacionales, pero también puedo aprobar normas que eleven los estándares de protección previstos por la legislación internacional. Es decir, que yo puedo, por ejemplo, restringir todavía más los niveles de emisión de gases de efecto invernadero, respecto de los que establecen estos acuerdos internacionales.

#¿Qué puedes hacer en materia
de medio ambiente?

@**Roberto.** Ya veo. Y eso es así porque tienes competencias en materia de medio ambiente, ¿verdad?

@**Unión Europea.** Así es Roberto. Pero esas competencias no son originarias es decir, no se preveían en el Tratado de Roma en el año 1958. Son competencias que me han ido dando los Estados a medida que modificaban el Tratado original.

@**Ruth.** ¿Y por qué no te daban los Tratados competencias en medio ambiente al principio?

@**Unión Europea.** Bueno, Ruth, porque en esos años el cambio climático y la protección del medio ambiente no se percibían todavía como amenazas. No había conciencia de esta problemática. Las preocupaciones eran otras, como garantizar la paz y asegurar el suministro de alimentos. Ten en cuenta que Europa todavía estaba sufriendo las consecuencias de dos guerras mundiales y las preocupaciones eran otras. Por eso se crea la Política Agraria Común (la PAC), la más antigua de todas las políticas comunitarias.

@**Nínive.** ¿Y cuándo empieza a verse la necesidad de preocuparse por el medio ambiente?

@Unión Europea. Pues, verás, Nínive, en 1972 se reúne la Conferencia de Estocolmo sobre Medio Humano, auspiciada por las Naciones Unidad. De ahí surge el Programa de las Naciones Unidas sobre el Medio Ambiente y la Carta Mundial de la Naturaleza. Esta Conferencia de Estocolmo significa que formalmente, la comunidad internacional empieza a tomar conciencia del medio ambiente y su importancia para el ser humano.

@Sergio. ¿Y es a partir de ahí cuando tú también decides hacer algo al respecto?

@Unión Europea. Pues sí. Así es. El impacto producido por la Declaración de Estocolmo, de 16 de junio de 1972, adoptada por la Conferencia de las Naciones Unidas sobre el Medio Humano, generó una onda de actuaciones internacionales que afectaron también a mis Estados miembros. Por eso, la primera reunión de los Jefes de Estado y/o de Gobierno de los países comunitarios, que se celebró en París en octubre de 1972 proclamó la necesidad de formular una política comunitaria del medio ambiente.

El problema es que en ese momento los Estados no me habían dado competencias sobre medio ambiente, de forma que me las tuve que arreglar haciendo uso de algunos preceptos del Tratado que excepcionalmente me permitían incidir en esta materia.

@Rocío. ¿Y desde cuándo se puede decir que tienes esas competencias?

@Unión Europea. Pues, poco a poco los Estados me van dando esas competencias a medida que van modificando los Tratados para adaptarlos a las nuevas circunstancias y a lo que se espera de mí. Por ejemplo, el Tratado de Maastricht situó el medio ambiente entre los objetivos comunitarios y la lucha contra el cambio climático pasó a ser un objetivo específico con el Tratado de Lisboa.

Las modificaciones de los Tratados van a incluir también principios de los que habrás oído hablar seguramente, como el principio de prevención, el principio de precaución, o el principio de que quien contamina paga, que quiere decir que si alguien causa un daño al medio ambiente está obligado a repararlo.

@Agustín. ¿Y cómo influyen tus normas medioambientales en los países comunitarios? ¿Tus normas medioambientales me obligan a mí, o al Estado español?

@Unión Europea. ¡Claro que sí! Mira, Agustín, de esto ya hemos hablado antes. ¿Te acuerdas que hemos hablado de mis competencias? Bien, pues ya sabes que hay un tipo de competencias que se llaman compartidas. Quiere decir que tanto los Estados como yo, podemos legislar muchísimo en esa materia. Bueno, pues el medio ambiente es un claro ejemplo de esas competencias compartidas. Ya sabes también que los Estados prefieren legislar ellos en primer lugar y que yo no intervenga. Pero si mi legislación es más eficaz que la de los Estados cuando actúan individualmente, entonces prefieren que lo haga yo. Y eso es lo que pasa en materia de medio ambiente.

@Cristina. Sí, eso ya nos lo explicaste.

@Unión Europea. A pesar de ser una competencia compartida con los Estados miembros que se rige por el principio de subsidiariedad, el progresivo agravamiento de los problemas ambientales y la incapacidad de los Estados para solventarlos por sí solos me han llevado a legislar en esta materia.

Cuando se trata de medio ambiente, mi acción es más eficaz que la de los Estados actuando aisladamente, eso ya lo sabes, porque aproxima y armoniza las legislaciones de los Estados para que entre todos podamos conseguir un mismo objetivo. Para eso hago uso de las directivas, que ya sabes cómo funcionan.

@Berta. Sí, las directivas obligan a los Estados a ejecutar o desarrollar tus normas (transposición) a través de normas de derecho interno que crean derechos y obligaciones para los ciudadanos, empresas y Administraciones.

@Unión Europea. Muy bien, Berta, así es. Mis directivas abarcan muchos ámbitos, como la contaminación atmosférica, la gestión de desechos y seguridad nuclear, protección y gestión de las aguas, la protección del medio marino, el vertido de sustancias químicas, los riesgos industriales, la biotecnología, la conservación de la flora y fauna, la conservación de las aves silvestres… La verdad es que el medio ambiente es un ámbito en el que he legislado muchísimo. Mi legislación funciona como cadena de trasmisión, ya que recoge en sus directivas los acuerdos internacionales de las cumbres del clima y los traslada a la legislación interna de los Estados cuando estos desarrollan mis directivas.

@Marisol. Claro. De alguna manera conviertes esos compromisos internacionales en normas jurídicamente vinculantes que después trasladas a los Estados a través de tus directivas.

@Unión Europea. Muy bien visto, Marisol. Mira, para que lo entiendas, imagina una fuente de esas que tienen un surtidor y varios platos, unos debajo de otros, de manera que los inferiores recogen el agua de los superiores. Ahora imagina que esa fuente tiene tres niveles: el nivel superior serían los acuerdos internacionales, como el Acuerdo de Paris, el Protocolo de Kioto y otros. En el nivel intermedio tendríamos la legislación que emana de mí y de mis instituciones. En este nivel, yo, la Unión Europea, recojo las normas de derecho internacional y conforme a ellas elaboro mi propia legislación medioambiental, respetando el nivel de protección exigido por las normas internacionales, o incluso incrementando ese nivel de protección. Esto lo hago básicamente a través de las directivas. Finalmente, en el nivel inferior de la fuente estarían los Estados y su legislación interna, que son los receptores de mis directivas que después desarrollan o transponen a sus ordenamientos jurídicos. Los niveles de protección ambiental que establezcan estas normas internas nunca pueden disminuir los estándares de protección previstos por mis normas. Pueden incrementarlos, o ser más exigentes, pero nunca reducirlos.

@Belinda. ¿Podrías darme ejemplo de cómo han influido tus directivas en nuestra legislación?

@Unión Europea. Claro, Belinda. Y además puedo ponerte un ejemplo de lo más reciente. Te suena la Ley de cambio climático y transición energética, que se ha aprobado por el Congreso en 2021. Esta Ley prevé, entre otras cosas que España alcance la neutralidad de emisiones no más tarde de 2050.

@Concha. ¿Y qué es eso de la neutralidad de emisiones?

@Unión Europea. Significa que en 2050 no debería de haber emisiones de gases nocivos a la atmósfera, y que las actividades humanas deberían realizarse sin causar estos efectos contaminantes. Para eso, la Ley sobre cambio climático trata de incentivar el uso de energías renovables, abandonando progresivamente las energías contaminantes como el carbón o el petróleo. También contiene otras medidas, por ejemplo, que en 2040 todos los coches nuevos deberán ser de cero emisiones. Eso quiere decir que a partir de ese año no se podrán vender turismos que emitan CO2 que es el principal gas de efecto invernadero que contribuye al calentamiento global de la atmósfera. A partir de esa fecha, todos tendremos que tener coches eléctricos.

Bien, pues esta Ley española de Cambio Climático está inspirada en mi normativa. Esta Ley ha creado una serie de derechos y obligaciones que te afectan a ti, pero también a las empresas y a las Administraciones Públicas. Y todo ello está basado en mis directivas y entre ellas la llamada Ley Europea del Clima, que establece el marco legal para llegar a la neutralidad climática en el año 2050, convirtiendo este objetivo en jurídicamente vinculante para todos los Estados.

@Juan Carlos. Ahora lo veo claro, y entiendo también cómo funcionan tus directivas: objetivo, alcanzar para 2050 un 0 % de emisiones. ¿Cómo conseguirlo? Dejando que cada Estado desarrolle esas directivas como mejor le convenga, pero sin perder de vista que el objetivo final es el de conseguir una economía neutra, es decir, con 0 emisiones.

@Unión Europea. Bien dicho, Juan Carlos. Las directivas aproximan las legislaciones de los Estados fijando unos objetivos comunes, pero dejan a los Estados libertad para decidir de qué forma y por qué medios van a conseguir esos resultados. Un 10 para ti.

#El Pacto Verde Europeo

@Ismael. A mí todo eso me parece muy bien, pero también me parece que es un objetivo muy ambicioso y prácticamente inalcanzable. ¿Tienes algún plan para conseguirlo?

@Unión Europea. Pues sí, Ismael. Tengo un plan. No creas que apruebo directivas sin ton ni son, o sin seguir una planificación. De hecho, a esa planificación la he llamado estrategia. Además, tengo una agenda, la Agenda estratégica 2019-2024 que tiene como uno de sus objetivos el de construir una Europa climáticamente neutra, ecológica, justa y social y facilitar el proceso de transición ecológica.

@Gaspar. Yo he oído hablar del Pacto Verde Europeo. ¿Qué es?

@Unión Europea. Sí, Gaspar. Es uno de los instrumentos que he desarrollado para poner en práctica esa Agenda estratégica.

@Celeste. ¿Y qué pretendes conseguir con el Pacto Verde Europeo?

@Unión Europea. Pues pretendo incidir en todas aquellas cuestiones que repercuten en el cambio climático. El Pacto Verde Europeo proporciona herramientas para que yo pueda cumplir los compromisos adquiridos en el Acuerdo de París. A través de él quiero conseguir un crecimiento más sostenible y equitativo de los recursos naturales, reducir las emisiones de gases de efecto invernadero en un 55% para 2030 y un 0% para 2050; promover el ahorro energético y la sustitución de energías tradicionales por energías renovables (el uso de energía, carbón, petróleo... son una de las principales fuentes de emisiones de gases de efecto invernadero); mejorar la eficiencia energética de los edificios; reducir los residuos y favorecer su reciclaje; incentivar la economía circular y reducir el uso de recursos naturales que son responsables de la mitad de las emisiones de gases de efecto invernadero.

@**Sandra.** Yo he oído que tu legislación sobre medio ambiente obliga a las empresas a fabricar productos que duren más tiempo y sean más sencillos de utilizar.

@**Unión Europea.** Así es Sandra. Ese es uno de los aspectos que contempla el Pacto Verde. Es una de las bases para atajar el cambio climático. Cada vez que se fabrica un bien se produce un gasto de recursos naturales, un consumo de energía, se generan gases de efecto invernadero y se generan desechos, ya que ese nuevo producto sustituye a otro que ya tienes y que vas a tirar. A través de mi plan de acción para la economía circular pretendo transformar la economía de modo que se fabriquen productos sostenibles que duren más y sean más sencillos de reutilizar o de reciclar.

A resultas de esa legislación, ahora los fabricantes tienen que producir bienes más sostenibles y duraderos. El plazo de garantía se ha ampliado de 2 a 5 años, y además las empresas deben tener piezas de repuesto a disposición de los clientes durante un plazo de 10 años desde que empieza a comercializarse el producto. Con ello quiero que tiréis menos y aprovechéis más los bienes que compráis.

@Angélica. Yo he oído que la producción de alimentos también es un problema para el medio ambiente. ¿Es eso verdad? ¿Has hecho algo para solucionarlo, Unión Europea?

@Unión Europea. Estás muy bien informada, Angélica. Eso también forma parte del Pacto Verde. Y tienes toda la razón. El sector agroalimentario tiene un impacto considerable en el medio ambiente. Aproximadamente un tercio de las emisiones mundiales de gases de efecto invernadero procede de los sistemas alimentarios. Por ello, dentro del Pacto Verde Europeo, una de las acciones que se contemplan es la llamada Estrategia «De la Granja a la Mesa». El objetivo es transformar la forma de producir y de consumir alimentos en Europa, reduciendo el uso de plaguicidas y fertilizantes y la venta de antimicrobianos y ello se va a conseguir aumentando la cantidad de tierra dedicada a la agricultura ecológica y promoviendo un consumo de alimentos y unas dietas saludables más sostenibles que reduzcan la pérdida y el desperdicio de alimentos.

@Flora. Yo he oído decir que debemos acostumbrarnos a comer menos carne.

@Unión Europea. Bueno, Flora, debes de tener en cuenta que además de los objetivos ambientales, mis competencias pasan también por promover la salud de las personas y garantizarles una elevada calidad de vida. Pero, es que, desde un punto de vista ambiental las explotaciones ganaderas son responsables de la emisión de una gran cantidad de gases a la atmósfera.

@**Flora.** También he oído que los restaurantes, a partir de ahora, deberán ofrecer a los clientes contenedores para que puedan llevarse la comida sobrante a sus casas. Y que se podrá multar a los supermercados si tiran sus productos.

@**Unión Europea.** Sí, Flora. Eso también forma parte del Programa de la Granja a la Mesa y se plasma en directivas que los Estados miembros deberán desarrollar en sus respectivos países a través de normas internas y que obligará a los restaurantes, supermercados y grandes superficies. Tú ya sabes cómo funcionan mis directivas. ;)

#Los Programas de Acción en materia de Medio Ambiente

@**Félix.** ¡Guau! Has puesto en marcha muchas iniciativas en cuestión de medio ambiente. ¿Tienes alguna más?

@**Unión Europea.** Pues sí, Félix. No me gustaría dejar de hablar de medio ambiente sin referirme a los Programas de Acción en materia de Medio Ambiente (PAMA). Son un instrumento decano en mi preocupación ambiental. ¿Recuerdas la Conferencia de Estocolmo que se celebró en 1972? De ella te he hablado antes, porque supuso la constatación formal a nivel internacional de la preocupación por el medio ambiente. A raíz de ella, los Jefes de Estado y/o de Gobierno de los países que en ese momento formaban parte de la Comunidad Económica Europea (mi nombre cuando era joven), decidieron tomar cartas en el asunto. Así, elaboraron el primer Plan de Acción en materia de Medio Ambiente, que abarcó el período comprendido entre 1973-1977. Desde entonces, los PAMA se han sucedido cada cuatro años, y ya vamos por el octavo.

@Albert. ¿Y qué hacen estos planes de acción?

@Unión Europea. Los PAMA han orientado la política y las decisiones comunitarias en materia de medio ambiente por períodos de cuatro años. El VIII PAMA tiene por objeto acelerar la transición ecológica de manera justa e inclusiva y servirá de guía para la elaboración y aplicación de políticas medioambientales y climáticas hasta 2030. Tiene seis objetivos prioritarios: la reducción de las emisiones de gases de efecto invernadero; la adaptación al cambio climático; un modelo de crecimiento que devuelva al planeta más de lo que toma de él; el objetivo cero en materia de contaminación; la recuperación de la biodiversidad y la reducción de las principales presiones climáticas y medioambientales asociadas a la producción y el consumo.

De acuerdo con estas consignas, elaboro normas y directivas que convierten estos objetivos en medidas jurídicamente vinculantes para los ciudadanos y los Estados.

@Fernando. Me has convencido, Unión Europea. No se puede negar que tienes una gran influencia en nuestras vidas, pero ¿qué vas a hacer a partir de ahora? Vas a seguir así?

@Unión Europea. Querido Fernando, si quieres saber más sobre mi futuro, haz clic en el enlace EL FUTURO DE LA UNIÓN EUROPEA.

12

EL FUTURO DE LA UNIÓN EUROPEA

#EL LIBRO BLANCO SOBRE EL FUTURO DE EUROPA

@Paloma. A mí sí que me gustaría saber más sobre tu futuro. Si vas a seguir cambiando como lo has hecho hasta la fecha, o si te vas a quedar así para siempre.

@Unión Europea. Buena observación, Paloma. Esa es una pregunta que también me hago yo, y los países que me integran. La solicitud de retirada que planteó Reino Unido en 2017 avivó está cuestión, y por eso los mandatarios de los Estados miembros se reunieron en Roma en 2017 para debatir sobre ello. Para fomentar y estructurar ese debate, la Comisión elaboró un libro blanco, llamado el Libro Blanco sobre el Futuro de Europa. En él la Comisión plantea cinco posibles respuestas a la gran incógnita de mi futuro.

@Nacho. ¿Y qué es un libro blanco?

@Unión Europea. Pues mira, Nacho, los libros blancos son documentos de trabajo de la Comisión que tienen por finalidad debatir sobre un tema de relevancia comunitaria. También contienen propuestas de acciones concretas. Se pretende con ellos que mis instituciones (el Parlamento y el Consejo) inicien un proceso de reflexión sobre una determinada materia. Son el prolegómeno de iniciativas legislativas y otras acciones posteriores que tendrán valor jurídico y vinculante. Pero antes de adoptar esas decisiones que comprometen a los Estados y a sus ciudadanos, se pretende iniciar un proceso de diálogo en el marco de mis instituciones, que implique también a los ciudadanos. Por eso, cuando se aprobó el Libro Blanco sobre el Futuro de la Unión Europea, el documento no solo sirvió para que los Jefes de Estado y/o de Gobierno se reunieran en un Consejo Europeo para hablar sobre el tema, sino que también se permitió que los ciudadanos participaran en un proceso de consultas dando su opinión sobre las posibles alternativas a mi futuro. Para ello se habilitó una plataforma a través de la cual, cualquier ciudadano europeo podía dar su opinión sobre los posibles escenarios propuestos por la Comisión.

Ten en cuenta que en la vida es necesario saber siempre hacía dónde te diriges, y a partir de ahí hay que ir adoptando decisiones para llegar a la meta. Lo mismo pasa conmigo. Necesito saber hacia dónde quiero ir para poder adoptar un tipo de decisiones, u otras. Pero como ya sabes, lo que me mueve es el interés comunitario, es decir, el de todos los sujetos que se integran en mi estructura: Estados y ciudadanos. De ahí mi empeño por iniciar un debate y obtener respuestas de todas las partes implicadas. A eso se dirigen los libros blancos, y esa es la finalidad concreta del Libro Blanco sobre el futuro de Europa.

#¿PODEMOS SEGUIR COMO HASTA AHORA?

@Francis. ¿Y qué alternativas ofreció la Comisión sobre tu futuro?

@Unión Europea. Pues verás, Francis, la Comisión, como representante del interés comunitario, propuso varios posibles escenarios, desde los más ambiciosos a los más prudentes y discretos.

@Rosalía. Entonces, ¿es posible seguir como hasta ahora?

@Unión Europea. Pues sí, Rosalía. Esa es la primera alternativa que la Comisión tiene en cuenta al tratar de resolver la incógnita sobre mi futuro. De hecho, titula este escenario con el nombre de *Seguir como hasta ahora*. Eso significa seguir avanzando en un proceso de reformas positivas que consoliden los logros conseguidos hasta ahora y los mejoren y refuercen.

@Juan Ramón. ¿Y eso en la práctica qué significa?

@Unión Europea. Pues significa reforzar el mercado único, sobre todo en aquellos sectores o materias donde la libre circulación de bienes, productos y servicios está menos desarrollada. Por ejemplo, en el caso de la energía, o en el caso de las transacciones comerciales por Internet. Hace años que estoy trabajando en el Mercado Único Digital. Ten en cuenta que cada día es más frecuente que las compras se hagan por Internet, no solo a gran escala entre las empresas y agentes económicos, sino también entre vosotros, mis ciudadanos. El progreso técnico ha supuesto que el mercado único se tenga que adaptar a nuevas realidades, y en eso estoy trabajando.

Quiero dar seguridad y confianza en las transacciones, para que tú estés tranquilo cuando adquieras por Internet productos que se comercializan en otro país europeo, que tengas mecanismos que aseguren tu satisfacción y que tengas mecanismos de resolución de conflictos en caso de que surja algún problema. También hay que consolidar la moneda única, haciendo aquellos ajustes que sea necesario, es decir, perfeccionar su funcionamiento y trabajar para que su utilización se extienda a aquellos países que todavía no la están utilizando.

También hay que continuar trabajando en otros aspectos de la integración política como, por ejemplo, adoptando normas comunes más ambiciosas en materia de asilo e inmigración, de forma que mi capacidad de decisión en estas materias sea mayor. ¿Y qué me dices de la política exterior? También sería deseable que los Estados me dejaran hablar a mí en su nombre, o que hubiera una cooperación más estrecha en materia de defensa.

@Sonia. Pero en todo eso ya estás trabajando, ¿no?

@Unión Europea. Sí, Sonia, por eso lo que la Comisión plantea es seguir trabajando en conseguir estas metas que ya estaban antes sobre la mesa, pero en las que hay que perseverar para avanzar. ¿Sabes qué dijo Schuman en su Declaración de 1950? Pues dijo: *Europa no se hará de una vez ni en una obra de conjunto: se hará gracias a realizaciones concretas, que creen en primer lugar una solidaridad de hecho.*

Lo que quería decir Shuman es que una obra de tal envergadura como la de crear una Unión Europea, en lo económico y lo político debía conseguirse poco a poco y a base de perseverancia y tesón. Bueno, pues al configurar un panorama en el que se trata de «Seguir como hasta ahora», lo que la Comisión propone es seguir a la velocidad de crucero, es decir, mantener lo conseguido y avanzar poco a poco para afianzarlo y consolidarlo. ¿No parece mala opción, ¿verdad?

@Estrella. No, no lo parece. Yo creo que tú, Unión Europea has probado ser muy necesaria y eficaz. Sobre todo, a raíz de los últimos acontecimientos, como el COVID, o ahora la guerra de Ucrania.

@Unión Europea. Muchas gracias, Estrella. Así lo pienso yo también. Unidos somos más fuertes, frente al COVID y frente a la guerra. Estoy haciendo verdaderos esfuerzos para minimizar los efectos de la guerra en nuestra economía. Fíjate solo en el trabajo que estoy haciendo para asegurar el suministro energético a todos los países de mi entorno, apelando a la solidaridad.

@Sara. ¿Y crees que alguien puede pensar que el trabajo que estás haciendo hasta ahora no es imprescindible para nuestro progreso y bienestar?

@Unión Europea. Bueno, Sara, es un hecho probado que para algunos soy prescindible, es decir, que no hago falta. Fíjate que Reino Unido dejo de pertenecer a mi estructura en 2020 y eso no fue solo una decisión del gobierno de turno. Resultó avalada en referéndum por la población y también la ratificó el Parlamento británico. Es un buen ejemplo de cómo algunos menosprecian lo que hago o no están de acuerdo con mi trabajo.

@Esperanza. Sí, pero, ¿por qué piensan así? ¿Por qué menosprecian tu trabajo?

@Unión Europea. Pues, yo creo que no hay una sola causa, sino varias. Algunas personas o grupos políticos me perciben como una amenaza para la soberanía de los Estados. Piensan que al darme a mí poderes y competencias que pertenecían a los Estados, estos pueden perder su identidad e individualidad, así como su capacidad de decisión. Algunos interpretan que cualquier avance en mi funcionamiento me hace más fuerte en detrimento de sus Estados. O no quieren someterse a las decisiones de la mayoría y al interés comunitario porque piensan que es mejor tener en cuenta solo sus intereses particulares. Y todas esas ideas, a veces calan en la ciudadanía e influyen en la perspectiva desde la que la gente de a pie me contempla. En ocasiones, ciertos partidos políticos utilizan estas ideas para ganar electores y también para eximirse de sus propias responsabilidades, echándome a mí la culpa de lo que pasa. Es por eso que siempre he querido tener vuestro apoyo y gozar de vuestras simpatías, porque sé que sin vuestro soporte no puedo existir.

#¿ES POSIBLE DAR MARCHA ATRÁS Y VOLVER A LA CASILLA DE SALIDA?

@Gerardo. ¿Y tú crees que es posible que des marcha atrás, es decir, que vuelvas a la casilla de salida?

@Unión Europea. Bueno, podría ser también una posibilidad, Gerardo. De hecho, el Libro Blanco sobre el futuro de la Unión Europea también contempla esta opción como un posible escenario de futuro.

@Rocío. ¿Y eso en qué se traduciría? ¿Qué quiere decir dar marcha atrás?

@**Unión Europea.** Querida Rocío, eso significaría volver a mis orígenes. ¿Te acuerdas que te he contado que yo nací para ser un mercado? Un mercado común sin fronteras interiores que facilitara el comercio y las transacciones con un objetivo encubierto: garantizar la paz. Mis ideólogos fueron muy astutos, desde luego.

Bien, pues un retroceso en mi funcionamiento significaría volver a ser un mercado y abandonar todas las pretensiones de actuar al unísono en otros aspectos como la inmigración, la cooperación judicial, la cooperación política, y, sobre todo, renunciar a la ida de la ciudadanía europea. Yo sería solo el mercado único.

@**Clara.** ¿Me puedes poner un ejemplo?

@**Unión Europea.** ¡Desde luego! Te pongo un ejemplo, para que veas cómo te afectaría eso a ti. En este escenario dejarías de ser un ciudadano europeo para mí, y pasarías a ser un consumidor o un trabajador únicamente. No podría garantizarte que te pudieras desplazar libremente de un país a otro para estudiar o por turismo, ni tampoco que pudieras residir en un país distinto del tuyo. Encontrar trabajo fuera de tu país también te resultaría más difícil. Si alguien cometiera un delito en tu país no podría ser perseguido en otro país europeo en caso de que huyera. No habría normas ambientales tan exigentes como las que tenemos ahora en España, de modo que la calidad del aire probablemente empeoraría, y también la calidad de las aguas. Recuerda que tengo los estándares ambientales más altos del mundo y que los Estados quedan vinculados por ellos a través de mi derecho, que les vincula. Los países europeos no adoptarían sanciones comunes en caso de guerra, o invasión de tu país. En definitiva, se romperían muchos de los lazos que tenemos ahora con los otros Estados de nuestro entorno.

@**Judith**. La verdad es que tal y como lo cuentas eso supondría renunciar a un montón de cosas que tenemos ahora. ¿Y por qué los Estados querrían renunciar a todas esas cosas, pero mantendrían el mercado interior?

@**Unión Europea**. Porque el mercado interior es algo que promueve el progreso y el desarrollo económico y compromete mínimamente la capacidad de los Estados. Quiero decir que, para que el mercado interior funcione, no es necesario hacerme grandes cesiones de soberanía, es decir, cederme grandes parcelas de poder. Basta con que yo legisle por los Estados unos pocos aspectos clave para que el mercado pueda funcionar. No hay mayor compromiso por parte de los Estados. Ya sabes que lo que asusta a algunas personas es pensar que yo pueda alcanzar tanto poder que pueda fagocitar a los Estados. En cambio, nadie se opone a facilitar los intercambios comerciales y los acuerdos que los hagan posible. El fomento de las relaciones comerciales ha sido una constante a lo largo de la historia de la humanidad y nunca se ha percibido como una amenaza a la soberanía de los Estados.

@**Julio**. Pero llegar a esa situación supondría que la mayoría de los Estados aceptan ese retroceso y se oponen a avanzar, o a consolidar los progresos iniciados. Puede haber algún Estado díscolo que no quiera avanzar, o quiera dar marcha atrás, pero, ¿tú crees que habrá una mayoría suficiente para que involuciones?

@**Unión Europea**. Personalmente, no creo que pueda darse el caso de que haya un número de países suficiente como para que se adopten acuerdos que supongan un retroceso al mercado único. Sí que es posible, en cambio, que algún país decida dejar de pertenecer a mi club en un futuro, y solicite la retirada, pero eso es otra cuestión.

@Yoli. ¿Y sería muy grave que algún otro país solicitara la retirada?

@Unión Europea. Desde luego, hay países que, si en un momento dado, decidieran dejar de ser un país miembro pondrían gravemente en peligro el edificio comunitario. Piensa en Francia, por ejemplo. Su simbología e influencia en el proceso de la integración europea seguramente marcaría el inicio del fin para mí. Se trata de un país fundador y sin él perdería mi esencia y mis referentes. Los nacionalismos que se van imponiendo en los países suponen desde luego una amenaza para mí.

@Julio. Entonces, ¿qué contestas a mi pregunta?

@Unión Europea. Bueno, Julio, respondiendo a tu pregunta, te diré que no creo factible un retroceso al mercado único, abandonando todo lo demás. Lo que sí veo más factible es que en un momento dado el avance hacia una mayor integración se paralice. Ten en cuenta que, a día de hoy, las cuestiones sobre las que todavía se puede avanzar tocan muy de lleno el núcleo de la soberanía de los Estados: la fiscalidad, la defensa, la justicia son aspectos que definen la identidad de los Estados. Por eso, estas son materias que de alguna forma se encuentran blindadas en los Tratados y donde no basta la mayoría cualificada para alcanzar acuerdos, sino que es necesaria la unanimidad. Esto quiere decir que todos los Estados deben votar a favor del avance en la integración. Si uno solo de ellos discrepa, no se producirá acuerdo. Sin duda, es un sistema de votación muy exigente que dificulta mucho la adopción de acuerdos.

#¿ES POSIBLE UNA EUROPA A DIFERENTES VELOCIDADES?

@Álvaro. Claro, lo entiendo. ¿Pero qué pasa si un pequeño grupo de países quiere avanzar más? ¿Pueden pararle los pies los otros Estados?

@Unión Europea. Pues esa es una muy buena pregunta, Álvaro, y además te diré que mi existencia se debe a la acción de unos pocos países que en un momento dado actuaron como motor de la unidad en europea. ¿Cómo podría yo existir si Alemania, Francia, Italia, Holanda, Bélgica y Luxemburgo no hubieran decidido crear a mi hermana mayor, la CECA? ¿O crear después la Comunidad Económica Europea, mi otro yo, cuando era menor de edad? Piensa también en Schengen, constituido por Alemania, Francia, Holanda, Bélgica y Luxemburgo.

La experiencia me ha demostrado que siempre ha habido personas y Estados clarividentes que se han adelantado a su tiempo y han anticipado ideas o proyectos que después han sido un éxito y han ganado adeptos.

¿Cómo cerrar la puerta a este tipo de dinámicas? Este sistema de actuación es el mecanismo de la cooperación reforzada, y permite a un conjunto de Estados realizar acuerdos por su cuenta, desmarcados del resto de los países comunitarios que no desean participar en ese momento. Como te he dicho, Schengen es un magnífico ejemplo de esto y de que una Europa a diferentes velocidades es posible.

@María. ¿Quiere eso decir que entre los escenarios de futuro también se prevea este, es decir, que un conjunto de países avance por su cuenta en el proceso de integración europeo?

@Unión Europea. ¡Claro que sí! En cualquier momento podríamos encontrarnos con un grupo de Estados pioneros que pongan en marcha un proyecto particular de avance al que después puedan adherirse otros países que así lo deseen. Estos países podrían decidir poner en común materias como la fiscalidad, la justicia, o la defensa, sometiéndose a las decisiones de una autoridad común, que podría ser yo, u otro organismo.

O incluso unirse para crear una especie de Estados Unidos de Europa, al modo de los Estados Unidos de América. Una opción ansiada por algunos, pero desde luego no muy factible.

Como ves, caben muchas opciones de futuro. ¡Ojalá tenga un futuro tan brillante y prometedor como el que te auguro a ti!

¿Qué piensas, tú?

13

SABER MÁS SOBRE LA UNIÓN EUROPEA

https://european-union.europa.eu/index_es

https://www.europarl.europa.eu/factsheets/es/home

https://commission.europa.eu/index_es

https://european-union.europa.eu/institutions-law-budget/institutions-and-bodies/search-all-eu-institutions-and-bodies/council-european-union_es

https://european-union.europa.eu/institutions-law-budget/institutions-and-bodies/search-all-eu-institutions-and-bodies/court-justice-european-union-cjeu_es

https://www.ombudsman.europa.eu/es/home

https://www.ecb.europa.eu/ecb/html/index.es.html